HEDEN IK

D0993796

RENATE DORRESTEIN

HEDEN IK

1993

Uitgeverij Contact
Amsterdam/Antwerpen

Dit boek is mede tot stand gekomen dank zij een bijdrage van de Stichting Fonds Bijzondere Journalistieke Projecten.

© 1993 Renate Dorrestein
Omslagontwerp Elise de Vries, ADM International bv, Amsterdam
Omslagillustratie Corinne Noordenbos
Typografie Jenny van Achteren
D/1993/0108/576

CIP-GEGEVENS KONINKLIJKE BIBLIOTHEEK, DEN HAAG

Dorrestein, Renate
Heden ik / Renate Dorrestein - Amsterdam [etc.] : Contact
ISBN 90-254-0226-7
NUGI 321
Trefw.: Dorrestein, Renate ; autobiografieën

Voor Tine,

die mij bij het schrijven van dit boek
zo vaak haar hersenen heeft geleend

Illness is the night-side of life, a more onerous citizenship. Everyone who is born holds dual citizenship, in the kingdom of the well and in the kingdom of the sick. Although we all prefer to use only the good passport, sooner or later each of us is obliged, at least for a spell, to identify ourselves as citizens of that other place.

SUSAN SONTAG

EERSTE BEDRIJF

Toen ik op een ochtend uit onrustige dromen
ontwaakte, merkte ik dat ik in mijn bed in een
reusachtig stuk stopverf was veranderd. In al mijn
ledematen heerste een misselijkmakende slapte, ik
kon mijn hoofd niet meer recht op mijn nek houden
en bij het aankleden had ik nauwelijks de kracht
om de rits van mijn spijkerbroek dicht te trekken.
Ik nam aan dat ik de avond ervoor teveel had
gedronken. Ik vroeg me alleen af waar de lege
flessen waren gebleven.

Of ik mijn ziel aan de duivel zou verkopen? Ik zou geen
seconde aarzelen als ik die kans kreeg. De duivel is zeer
slecht, maar daar staat tegenover dat hij de macht heeft
zelfs de meest onmogelijke wensen nog in vervulling te
doen gaan. 's Nachts wacht ik met opengesperde ogen in
het donker op hem. Af en toe snuif ik gretig: ruik ik al
salpeter?

In werkelijkheid zou ik er waarschijnlijk in blijven wanneer de heerser der duisternis, ploffend als een gasvlam,
ineens aan mijn voeteneinde stond. Maar met de werkelijkheid wil ik al geruime tijd zo min mogelijk te maken
hebben. De duivel mag mijn werkelijkheid komen halen;
voor die dienst betaal ik hem graag met mijn onsterfelijke
ziel. Dat meen je niet. Dat meen ik wel.

Ik draai me nog maar eens om. Mijn lakens zijn klam
en gekreukt. Ik geloof nooit dat ik vannacht nog verlost
zal worden. Lange uren strekken zich leeg en zwart voor
me uit. Ik doe het licht aan. Ik doe het licht uit. Het punt

is dat je 's nachts elk ongemak wel twaalf maal zo hevig voelt als overdag. Met moeite richt ik mijn aandacht op iets buiten mezelf. Ik bedenk maar wat: de zee. De zee is niet ver van waar ik woon, maar ik kom tegenwoordig zelden meer aan de kust.

Denk aan de zee, zeg ik tegen mezelf.

Stel je het rustgevende geluid van de branding voor, het warme zand onder je voeten, het zonlicht dat op het water fonkelt, de einder die in de verte oplicht als een strip glanzend metaal.

Ontspan je.

Adem in, adem uit.

Kijk niet op de wekker. Zojuist was het pas half drie: het kan nog best goedkomen. Vergeet de tijd. Er is geen tijd, er is geen wekker. Er is alleen maar een voorwerp dat vreemde codes uitzendt. 02.42.02.55.03.09. Waarom zou je er betekenis aan hechten? Wat kan het je schelen?

Geen paniek. Let op je ademhaling. Zie het zo: anderen verdoen uren met snurken en dromen. Jij hebt de hele nacht tot je beschikking. Doe er dan tenminste iets leuks of iets nuttigs mee. Sta op. Open het raam. Verdiep je in de sterren aan de donkere hemel. Ga naar beneden. Beluister een opera van Verdi. Zet een kopje kruidenthee. Herlees Jane Austen. Kijk naar een videofilm vol crinolines en ratelende rijtuigen. Leg een spelletje patience. Maak een droogboeket. Maak een aquarel. Wat een welbestede nacht zou dat zijn.

Ga op je rug liggen. Ga op je buik liggen. Ga op je zij liggen. Concentreer je op de kleur donkerblauw. Donkerblauw fluweel. Strekkende meters donkerblauw fluweel. Concentreer je op het herbeleven van elk moment van de afgelopen dag, maar dan in omgekeerde volgorde. Concentreer je op je tenen en vervolgens op je wreven, je enkels, je kuiten en je knieën, en ontspan ze. Een weldadige warmte begint je te overmeesteren. Sloeg de kerkklok daar vijf uur?

Zet een tape met walvisgeluiden op. Maak in gedachten een lijst van de mannen in je leven, met jaartallen erbij. Maak een lijst van de poezen in je leven, gerangschikt naar voorkeur. Bedenk wat je zou meenemen naar een onbewoond eiland. Bedenk wat je niet zou meenemen naar een onbewoond eiland. Stel je op je onbewoonde eiland een waterval voor. Laat massa's koel, helder water schuimend in een diepe poel ruisen. Kalmeer. Bedaar.

Luister naar het zingen van een vroege merel. Vind de tafel van 739 uit. Trek het dekbed over je hoofd als het geluid van startende auto's en bromfietsen zich kenbaar maakt. Nog even en de nieuwe dag is definitief begonnen. Maar voordat het zover is, zal zich allang een grote loomte in al je ledematen hebben genesteld. Een grote loomte.

In nachten zonder einde of erbarmen beklim ik tegenwoordig in gedachten vaak een berg, als een vorm van zelfhypnose. Vrijwel alle toppen die ik vroeger, in een ander leven, heb bedwongen, bevinden zich in Schotland. Ze heten Tirga Mor, Torr Nead An Eoin, Askival, Bidean nam Bian, Ben Nevis, Mullach Buidhe, Cnoc Breac Gamhainn: namen even onverbiddelijk als mijn slapeloosheid.

Welke zal het vannacht worden? Bla Bheinn, woonplaats van de majestueuze gouden arend? Ben Nevis, bij voorkeur te benaderen via de diepe glen vol reeën? Of Orval, waarvan de spitse top omkranst is door laaghangende wolkenringen, net de manen van Saturnus? Elke berg heeft zijn eigen geheimen en bekoorlijkheden, zodat je alle obstakels voor lief neemt: ademnood, blaren, snot, vermoeide spieren, doorweekte kleren en momenten van doodsangst om een verkeerde inschatting ('Verder naar boven kan altijd, naar beneden is een ander verhaal.'). Ik kende iemand die bij het Mountain Rescue Team van Glencoe in de Schotse Hooglanden werkte en die altijd monter vertelde hoe gevallen lichamen *were scraped off the mountain today*. Vaak dacht ik al klimmende op het ritme van mijn raspende ademhaling: met beleid! met beleid! Of: easy does it, easy does it. Kleine stap, twee drie vier, kleine stap, twee drie vier. Dat verhinderde me niet om een keer, vlak onder de top van Suilven, uit te glijden en een smak van tientallen meters naar beneden te maken. Een beest van een berg, die Suilven. Vanaf de openbare weg was het acht mijl lopen naar de voet ervan, en dan begon de kermis pas echt. De eerste honderden meters stijging ploeterde je door drassig veen, daarna werd de helling steeds rotsiger, totdat je op duizend meter hoogte stuitte op een eindeloze, haast verticale vlakte van gruis dat geen enkel houvast bood.

Op het moment dat ik het losse gesteente onder mijn voeten voelde wegglippen, dacht ik dat ik mijn dood tegemoet zou tuimelen. Om me heen klauwend naar iets dat mijn val zou breken, hotste en botste ik de helling af en zag in een flits een haarscherp beeld van vlakke polders en kaarsrechte dijken voor me. Mijn val was mijn gerechte straf voor het feit dat ik me zo ver buiten mijn eigen element had begeven. Wat had ik een kilometer boven de zeespiegel te zoeken? Toen hield de wereld plotseling op met kantelen en tollen. Ik lag in een plas bagger. Tot mijn verbazing had ik slechts wat schaafwonden en gescheurde kleren.

Vanaf die dag waande ik me in zekere zin onsterfelijk. Dat dacht ik natuurlijk niet met zoveel woorden, want daarvoor was het idee te bespottelijk. Het was ook niet zozeer een opvatting als wel een gevoel, een grenzeloos gevoel van veiligheid, van vertrouwen in mijn eigen kracht en vitaliteit. Mij kon je van een berg smijten, en ik stond gewoon weer op.

Bont en blauw van Suilven zat ik dezelfde avond alweer op de kaart naar hoogteringen te staren. Ik at druivensuiker en liet de whisky staan. Ik vette mijn schoenen nog een keer in, mijn hart vol verlangen naar een revanche. Ik voelde me in vergelijking met Suilven niet nietig en breekbaar, ik voelde me vermetel: het was de schepping zelf die ik uitdaagde, toen ik de volgende ochtend weer op pad ging.

Nog hoor ik het zachte, betrouwbare knarsen van het touw, nog kan ik voelen hoe het rustig door mijn gehandschoende handen glijdt. Nog altijd kan ik de geur van brem en hei ruiken en voel ik het gewicht van mijn rugzak op mijn schouders. Mijn slapen bonken. Hoger, hoger, hoger.

Liggend in bed zet ik geconcentreerd mijn ene voet voor de andere, ik grijp me om mijn evenwicht te bewaren vast aan een paar schrale pollen en herstel me meteen weer: nooit in de berg leunen. Zonder over mijn schouder te kijken laat ik een moment mijn hele gewicht op beide voeten rusten, precies zoals David me heeft geleerd: it won't be me who's going to be scraped off the mountain today, ik ben voorzichtig, ik loop met beleid, met mijn handen op mijn rug, ik krijg Beinn Tarsuinn eronder, of het beest Suilven, ik ken de veiligste route, ik ben hier immers eerder geweest, in een vorig leven. Ik weet precies om welke hoek de wind ineens langs mijn gloeiende wangen zal strijken, ik weet waar ik angstaanjagend bulderend water kan verwachten en waar ik, halverwege de oversteek van zo'n kolkende beek, balancerend op een steen midden in het schuimende water, bezwerend zal denken: ik kan het heus.

Ik voel het zweet langs mijn voorhoofd lopen, langs mijn nek, langs mijn hele lichaam, terwijl ik mezelf toespreek: ik kan het, ik kan het.

Maar nee, mijn lichaam is te uitgeput om te kunnen slapen. Ik lig met pijnlijke ledematen in bed, al mijn spieren trillen. Het ene moment sta ik van top tot teen onder stroom, het volgende verander ik in een kikkerdrilachtige substantie. Alles bij elkaar genomen voel ik me alsof ik vandaag met inspanning van al mijn krachten Suilven heb bedwongen. Alleen heb ik het grootste gedeelte van de dag op de bank gelegen. Aan het einde van de middag hebben de buren me een pannetje soep gebracht.

Hoe vaak ik me ook vol ongeloof in mijn arm knijp: ik ben niet langer iemand die bergen beklimt, ik ben iemand die men pannetjes soep brengt, met een geblokte theedoek er omheen om afkoeling te voorkomen. In plaats van hem uit de pan op te lepelen, zou ik die soep graag in een kom gieten om mezelf te bewijzen dat ik nog altijd gevoel voor stijl en tafelmanieren heb. Maar de gedachte aan de handelingen die daarvoor vereist zijn, mat me al bij voorbaat af. De lijst van wat ik tegenwoordig allemaal niet meer kan, is lang en lachwekkend. Alle dingen die ooit zo gewoon en vanzelfsprekend waren dat ik ze welhaast voor een pakket onvervreemdbare geboorterechten hield, zijn een paar jaar geleden op mysterieuze wijze mijn raam uit gevlogen. Binnen ligt de rest van mij, met hersenen als koeievlaai en een lichaam van karnemelksepap, in de greep van een smerige kwaal die ik alleen maar kan omschrijven als debiliserend en verlammend. Maar levensbedreigend is mijn ziekte in elk geval niet. Ik kan er wel 93 mee worden. Ik kan eindeloos van deze helling blijven tuimelen zonder aan de voet ervan mijn dood te hoeven vrezen. Dat zou me dankbaar en gelukkig moeten stemmen – een ander krijgt leukemie, of aids. Ik daarentegen zal, als cocktail van koeievlaai en karnemelksepap, het leven nog lang behouden. Men zal mij nog heel wat pannetjes soep moeten brengen.

Gelukkig zijn daarvoor genoeg vrijwilligers voorhanden. Zelfs de kinderen uit mijn straat maken uitvoerige menulijsten voor me, waarop ik een keuze aankruis uit de lekkernijen die zij vervolgens geestdriftig voor me bereiden: vruchtensalade, spaghetti, sinaasappelcake. Ze zijn mijn inwendige mens wezenlijk toegedaan sedert ik ben bezweken. Een van hen heeft een tekening voor me gemaakt van kostelijke spijzen, met in hoofdletters de aansporing: GEZOND BLIJVEN ETEN, HOOR!

Ook mijn volwassen vriendinnen volgen die lijn. Ze bellen elke dag op om te vragen waarin de patiënt vandaag eens trek zou hebben. Een forelletje? Asperges? Verse aardbeien met slagroom? Een zieke moet nu eenmaal goed eten! Wat een verstandig adagium. Ik heb bij wijze van spreken in geen tijden meer een gewone aardappel gezien, laat staan dat ik er een heb geschild. Aan het einde van elke middag materialiseren borden verrukkelijk voedsel zich uit het niets: ik ben terechtgekomen in de paradijselijke positie van de gemiddelde man (Mankeert hem generiek en permanent soms ook iets ongeneeslijks?).

Was ik nu maar zo iemand die haar zegeningen weet te tellen. Maar ik blijk niet uit het hout gesneden te zijn waaruit zonnige patiënten worden gemaakt. Vaak betrap ik me erop dat ik mijn weldoensters wrokkig opneem. Dat irritante gekook om mij heen! Iedereen doet maar goed aan mij en schudt, terwijl de champignons fruiten, ongevraagd mijn kussens nog eens op. Ik ben een ware inspiratiebron tot goede werken. Menigeen verdient met mijn ziekbed ongetwijfeld een stoel in de hemel. Ik zou willen dat ik er zelf evenveel rendement van had en dus sereen kon glimlachen boven mijn vegetarische moussaka. Maar de bittere realiteit is gewoon dat ik niet ben gebouwd op invaliditeit en chronisch lijden. Ik schaam mij voor die constatering, maar er valt niets aan te veranderen: de ongemakken die mij tegenwoordig plagen kan ik niet aanvaarden, ik kan ze niet eens dulden.

Hoe ben ik toch in deze toestand verzeild geraakt? Drie jaar geleden kookte ik nog zelf. Ik had energie voor zes, een leven dat uit z'n voegen puilde van de activiteiten en een medicijnkastje waarin 1 pot vitamine C-tabletten en een reservetube tandpasta. Ik bezat een blakende gezondheid, zoals iedereen die haar eigen werkneemster is en zich niet kan veroorloven toe te geven aan elk wissewasje. Ziek zijn was in mijn ogen nergens voor nodig, het was iets voor bleekneusjes en slappelingen met wie ik weinig geduld had. Je kon toch gewoon doorlopen met een griepje, met een pijntje hier of daar? Wie niet ziek *wilde* worden, *werd* niet ziek, was mijn motto. Totdat op zekere dag alles veranderde.

Op een winterse ochtend, ruim drie jaar geleden, werd ik wakker met het sensationele gevoel dat ik minstens twee liter sterke drank achter de knopen had. Dat was gek. In mijn herinnering had ik de vorige avond alleen maar duf naar een slechte aflevering van *Magnum* gekeken. Ik wist bijna niet hoe ik uit bed moest komen.

Eenmaal in de kleren zeulde ik mezelf naar de keuken, waar ik constateerde dat de fluitketel tijdens de nacht in gewicht was verhonderdvoudigd (met mij was dus niets loos, er was iets met de dingen, of met de zwaartekracht). Ik probeerde de ijskast te openen en werd overmand door de behoefte op de vloer neer te zinken en voorlopig niet meer op te staan. Maar ik had behalve mijn gebruikelijke volle agenda nog een andere goede reden om niet in bed te willen belanden: ik was kort geleden onverwachts verlaten door een man van wie ik veel hield. Mijn verdriet daarover was onthutsend groot. Ik zou erin verdrinken, als ik mezelf niet wist af te leiden. Het was maar ten dele plichtsbesef dat me voortdreef: angst voor de pijn die hoort bij afgedankt en bedrogen zijn, joeg me even hard op.

In de weken die volgden week de eigenaardige zwakte niet, maar iedereen staat weleens wankel op de benen, en ik vermande me. Ik voelde me niet gezond, nee, maar er heerste immers griep: daar was ik natuurlijk door aangeraakt. Dat verklaarde ook waarom ik zo slecht sliep en keer op keer in een doorweekt bed wakker werd uit verwarde dromen. Van vermoeidheid struikelde ik op straat steeds vaker over mijn eigen voeten, ik botste tegen lantaarnpalen en deurposten op alsof ik constant beschonken was. Maar ik had geen zin om stil te staan bij al die eigenaardige sensaties, ik wilde er niet te veel op letten, want als ik dat deed dan voelde ik ook het bloeden van mijn hart weer.

In stilte dacht ik trouwens dat het mijn verdriet was dat mijn fysieke verschijnselen veroorzaakte: kennelijk *somatiseerde* ik de staat van verstotene, verworpene, verlatene, verradene, belogene, ingeruilde. Ik bedoel maar, zelfs in *Libelle* kon je tegenwoordig lezen over het dramatische verband tussen lichaam en geest. Met een ongelukkige geest zoals de mijne was het geen wonder dat mijn lichaam het liet afweten. Sterker nog, plots werd ik getroffen door een aanval van acné waaraan een huidarts te pas moest komen: mijn lichaam herinnerde zich blijkbaar nog precies wanneer ik me voor het laatst even waardeloos en onzeker had gevoeld als nu, namelijk in mijn puberteit – en dus maakte mijn lichaam feilloos de daarbij behorende puistjes. Zo logisch als wat. De dermatoloog, die eruitzag als een gezonde slagerszoon uit een Vikingengeslacht, zei het zelf. 'Hebt u momenteel misschien, uhm, ahh, *emotionele problemen?*' Hij gaf me zalven en een antibioticumkuur en ik krukte door, smerend en slikkend en hopend op de wondere werking van de tijd, die naar men zegt alle wonden heelt.

Zes weken later was de toestand er alleen maar op achteruit gegaan. Ik moest inmiddels werkelijk al mijn krachten mobiliseren om op de been te blijven, en bijna elke ochtend kotste ik mijn hart uit mijn lijf. Maar telkens als ik op het punt stond om mijn huisarts te bellen, leek de narigheid net weer wat af te zakken. Ach, zie je nou wel dat het psychisch is? Iedereen om me heen zei dat ook. Ik schudde mijn hoofd tegen mijn spiegelbeeld: aanstelster! Ik moest mezelf gewoon wat harder aanpakken. Niet sippen, bezig blijven. Vooruit meid. Zorg dat je dagen gevuld zijn en je avonden bezet. Werk als een bezetene. Val in luttele weken tien kilo af en lieg tegen je moeder dat je op dieet bent. Constateer dat je van top tot teen onder de blauwe plekken zit van het opbotsen tegen zichzelf verplaatsende deurposten. Amuseer je. Ga met een vriendin ter gelegenheid van je verjaardag naar een van de waddeneilanden. Slaag er geen tel in te vergeten dat je vandaag in Casablanca had zullen zijn: hij had de tickets al gekocht: zo romantisch. Nu zit er op jouw verjaardag een dom schaap met echte krullen naast hem op een Marokkaans dakterras, op jouw reisbiljet door de KLM verscheept – je had haar misschien ook nog jouw koffertje met jouw kleren mee moeten geven.

Pak met niets dan kamelen, oases en oude medina's voor je geestesoog het verjaarscadeautje uit dat je vriendin voor je heeft meegenomen: een mooie, vuurrode veldfles. Een geschenk dat met liefde en zorg is uitgekozen. Zie jezelf in gedachten met die fles gauw fijn weer een berg opzwoegen. Word overmand door de gedachte dat het hele leven plots één onneembare, meedogenloze bergketen lijkt, waarbij Suilven kinderspel is.

Schaam je dood voor je eigen karakterzwakte. Zo kennen we je niet! Willen is kunnen. Niet versagen. Niet toegeven. Doorzetten. Stap voor stap.

Later zou ik mezelf nog talloze keren de tergende vraag stellen wat er gebeurd zou zijn als ik niet zo van de kaart was geweest om iemand die al dat verdriet niet waard was. Zou ik in dat geval beter op de signalen hebben gelet en mezelf meer in acht hebben genomen? Of was het andersom en kon mijn gebroken hart alleen maar zulke verpletterende proporties aannemen omdat ik op dat moment al geheel door mijn reserves heen was en bezig was reeds geruime tijd aan een onzichtbare ziekte te bezwijken?

Met het oog op mijn zelfrespect opteer ik maar voor het laatste.

Maar op wilskracht komt men ver, dat is een bewezen feit. Maandenlang sleepte ik me als een vastberaden zombie door de dagen. Ik slikte braaf de antibiotica van de Viking, smeerde mijn gezicht in met vitamine A-zalf en bette het tweemaal daags met een stinkende lotion. Mijn huid knapte zienderogen op, maar voor de rest raakte mijn lichaam, al wilde ik het niet toegeven, meer en meer in verval. Soms vroeg ik mijn geduldige vriendinnen klaaglijk: 'Wat heb ik toch misdaan om dit te verdienen – was ik in een vorig leven soms Catharina de Grote?'

Ze lachten me vertederd uit. Ze vonden deze oceaan van liefdesverdriet met al z'n fysieke bijverschijnselen wel eens goed voor mij. Ik was iemand, zeiden ze, die uhm, ahh, *emotionele problemen* altijd veel te veel uit de weg was gegaan. Wijs knikten ze me toe. Ze zeiden: 'Dit keer kun je er gewoon niet omheen. Heus, daar word je alleen maar een beter mens van.'

De reïncarnatie van Catharina de Grote zweeg beschaamd. Zij begon schoon genoeg te krijgen van deze portie loutering. Ze wilde weer over tot de orde van de dag, met een licht hart, een helder hoofd en een lichaam dat geen enkele aandacht vroeg.

En op een dag besloot zij zoals iedereen dat wel eens doet, tussen twee afspraken door in Amsterdam even een kopje koffie te gaan drinken, in zo'n moderne coffeeshop met een glazen schuifpui. Sukkelig zat ze aan een tafeltje en probeerde het deksel van de suikerpot te tillen. De cappuccino smaakte naar karton, de achtergrondmuziek klonk alsof er een slinger in het bandje zat en enkele van de andere gasten hadden drie of acht armen. Wegwezen, beval haar wattige hoofd in plotselinge paniek. Zij stormde het pand uit en dacht nog: gelukkig geen deurposten hier. Toen bonsde zij in volle vaart met haar hoofd tegen het deel van de glazen wand dat zij had aangezien voor het gat van de deur. Een ongeluk komt nooit alleen: voorheen Catharina de Grote pletterde languit tegen de wereld.

Het toeval wilde dat de boekenweek net was begonnen toen ik zo spectaculair neerging. Ik had veertien lezingen in mijn agenda genoteerd staan, lezingen die voor een belangrijk deel in mijn levensonderhoud moesten voorzien. De letteren zijn een mooi vak, maar men moet er veel voor heen en weer. Toen ik dus, liggend in de Kalverstraat, tot mijn opluchting constateerde dat mijn neus in de klap niet was gebroken, zette ik mij met beleid weer in beweging. Behoedzaam koerste ik naar mijn uitgever, regelde mijn zaken, reed vervolgens kalmpjes naar Steenwijk, hield daar mijn spreekbeurt, signeerde boeken, bedankte de organisatie voor de uitnodiging, ging naar een hotel en kroop suizebollend in bed met het tevreden gevoel iedereen te slim af geweest te zijn: geen mens kon iets ongewoons aan me hebben gemerkt.

En later zou ik mezelf natuurlijk nog vele malen de kwellende vraag stellen wat er gebeurd zou zijn als ik verstandig was geweest in plaats van onverzettelijk. Wat zou me bespaard zijn gebleven als ik gewoon had toegegeven aan de omstandigheden, in plaats van maar door te razen als was ik Supervrouw zelf? *Zou* me iets bespaard zijn gebleven? Of was ik onder elke andere omstandigheid ook ziek geworden, gewoon vanwege de willekeur van het noodlot? Vreemd genoeg was die laatste gedachte nog het onherbergzaamst. Liever nam ik kennelijk een misschien wel illusoire schuld op me dan dat ik redeloze chaos accepteerde.

Toen ik op de tweede dag van de boekenweek in mijn hotelkamer in Steenwijk ontwaakte, wist ik even niet waar ik was. Erger nog: ik wist ook niet meer wie ik was. Mijn eigen bestaan was me ontschoten, mijn identiteit was gedurende de nacht uit me weggelekt, als room uit een gebarsten kan. Het was een ontredderende ervaring. Liggend in bed werd ik voor het eerst door enige twijfel bekropen. Had liefdessmart altijd dit soort krasse bijverschijnselen? Of was er in werkelijkheid iets heel anders aan de hand?

Pas 's middags werd ik in Hoogeveen verwacht voor mijn volgende optreden en omdat ik dus een paar uur te overbruggen had, besloot ik een wandelingetje in het naburige Giethoorn te gaan maken om eens even goed op te frissen. Al na twee bruggetjes was ik echter te duizelig en te misselijk om verder te lopen. Lange tijd zat ik met mijn hoofd tussen mijn benen op een stoepje, terwijl het zachtjes regende. Een bang vermoeden maakte zich van me meester. Ik had mezelf gisteren in die coffeeshop toch niet en passant ook nog een hersenschudding bezorgd? Plotseling wilde ik maar één ding. Naar een ziekenhuis.

Tollend kwam ik overeind. Ergens in Giethoorn stond mijn auto – in mijn auto lag een kaart van Nederland – op die kaart zou te vinden zijn wat de meest nabije stad van enige omvang was – in die stad zou zich een ziekenhuis bevinden.

Goed plan.

In het ziekenhuis van Emmen werd mijn vermoeden bevestigd. Een hersenschudding was op zichzelf al vervelend genoeg, maar een hersenschudding te Emmen ging me echt te ver. Ik wilde naar huis, en dat ik daar dan gezellig op de bank lag en thee dronk uit mijn eigen kopjes. Want Engelse romans leren ons: *put the kettle on*, als de levenszeeën te hoog oplopen. Kortom, wie kon mij komen halen? Maar mijn eigen auto dan, en hou toch op, ik reed zelf wel. Zeker wel. 'Nou ja,' zei de eerstehulpdokter weifelend, 'u bent hier tenslotte ook op eigen kracht binnengekomen.'

In de aangename greep van zelfmedelijden wist ik huis en haard te bereiken. Telefonisch maakte ik mijn agenda voor de komende tien dagen schoon, strekte me uit op de bank en wachtte op de dingen die gingen komen. Er kwam geen thee, besefte ik al snel. Die zou ik namelijk zelf moeten zetten. Om die gedachte moest ik ontroostbaar huilen. De poezen klommen boven op mij en snorden van weldaad: zien we haar ook weer eens. Mijn ongeluk was hun een zegen, niemand hield van mij en dit kwam nooit meer goed.

Het was haast zonde om deze stemming te bederven, maar omdat ik toch ooit iets zou moeten eten, belde ik ten slotte een vriend. Troostend sprak hij me door de telefoon toe, om even later beladen met pakjes van de Chinees op de stoep te staan. Het viel niet langer te ontkennen: men kwam mij verzorgen, dus *ik was ziek*.

Wat was ziek zijn vreemd. Wie in mijn buurt kwam, glimlachte zachtzinnig en dempte de stem; niemand sprak me tegen of had aanmerkingen op me, ik kreeg schitterende kleine cadeautjes, hartelijke kaarten, en meer bloemen dan er vazen waren. Het was niet onaangenaam om zo in het middelpunt van alle aandacht te verkeren – dit moest zo ongeveer zijn wat ik me als kind voorstelde wanneer ik het hele universum om mezelf liet draaien door aan mijn adres royaal 'Nederland, Europa, de aarde, de Melkweg, het heelal, de kosmos' toe te voegen. Ondertussen draaide buiten in werkelijkheid de wereld rustig door zonder dat ik er enig aandeel in had, maar die gedachte was te onwaarschijnlijk om lang bij stil te staan.

Soezend kwam ik de dagen door. Ik kon niet lezen, ik kon ook bijna niet meer praten: ik keerde woorden om, kon ze in het geheel niet vinden in de soep in mijn hoofd, of moest eindeloos nadenken over 'vork' om uiteindelijk 'mes' te zeggen. Maar dat was tijdelijk, zei de huisarts. Een week, dacht hij. Of misschien twee, zei hij een week later. Na drie weken fronste hij zijn wenkbrauwen. Na een maand werd het duidelijk dat we een probleem hadden. Mijn bloed moest voor alle zekerheid maar eens worden nagekeken. Wellicht was er sprake van een veronachtzaamd virusje, dat voorspoedig herstel in de weg stond.

In afwachting van de uitslagen probeerde ik een half uur achter mijn bureau te zitten. Horizontaal had mijn hoofd nog wel wat geleken, maar verticaal viel ik ten prooi aan lugubere klotsingen en draaiingen. Bij wijze van proef nam ik een pen ter hand. Het zweet brak me uit: ik herkende mijn eigen handschrift niet. Het lukte me niet een volledige zin te schrijven; in volslagen willekeur kwamen de letters op papier terecht. Had ik afasie? Was ik nu ook nog eens ongemerkt door een hersenbloedinkje getroffen? Wat was hier gaande? Was er nog iets in de medische encyclopedie te vinden dat ik *niet* had?

Recht tegenover me stonden in de kast de boeken die ik had geschreven. Sprakeloos staarde ik naar mijn naam op de kleurige ruggen. Mijn hoofd zoemde. Met geen macht ter wereld kon ik me meer voorstellen hoe ik het voor elkaar had gekregen om woorden in de juiste volgorde te zetten en zinnen betekenis te verschaffen. Hoe had ik dat in vredesnaam gedaan? Toen ik opstond om een boek van de plank te pakken begaven mijn benen het. Op dat moment ging de telefoon.

'Heb je de dokter nog gesproken?' vroeg een vriendin vol belangstelling.

Stotterend bracht ik uit: 'Hij denkt dat er een virus in het spel zou kunnen zijn.'

'Nou ja, joh,' zei zij, hoorbaar opgelucht, 'hoop daar maar op, want in dat geval ben je over drie maanden gewoon weer de oude.'

Nog drie maanden! Van ontzetting hield ik even op dubbel te zien. En mijn leven dan? Of mijn nieuwe roman, pas voor driekwart klaar? Mijn paniek vermenigvuldigde zich bij die gedachte. Hoe zou ik dat boek ooit afmaken? Mijn hersenen geloofden op dat moment dat schrijven iets was dat uitsluitend door anderen werd gedaan. Maar tegen mijn vriendin kon ik moeilijk beginnen te klagen: zij was zelf al meer dan twee jaar ziek. Aan een hersenvliesontsteking had ze een slepende kwaal overgehouden die ME heet en die haar voor honderd procent arbeidsongeschikt had gemaakt. Vroeger was Caroline uitgeefster geweest. Tegenwoordig bracht ze een groot deel van haar tijd in bed door. Ik kon niet begrijpen hoe ze haar lot wist te dragen. Ik geloofde nooit dat ik dat zou kunnen.

En kijk eens aan: de huisarts meldde dat mijn bloed vergeven was van antilichaampjes die er op duidden dat ik de een of andere vergiftiging had opgelopen. Vermoedelijk iets chemisch, gezien het bloedbeeld. Na enig puzzelen kwamen we uit op de pillen van de dermatoloog. We waren in onze nopjes, de dokter en ik: mijn malaise leek hiermee verklaard. Sterker nog, heel de onwerkelijke periode van de laatste maanden leek nu verklaard. Van dag tot dag hadden de antibiotica van die slagerszoon me natuurlijk ondermijnd, totdat ik zó gaar en gammel was dat ik op klaarlichte dag een glazen pui niet had gezien.

Per taxi liet ik me naar de kwakzalver vervoeren om hem mijn deplorabele staat in te peperen. 'Ja hoor eens,' zei hij. 'Dan had u de bijsluiter maar moeten lezen – veel mensen reageren slecht op dat middel, maar alle bijwerkingen staan uitgebreid beschreven, met daarbij het advies onmiddellijk met innemen te stoppen als zich duizeligheid of misselijkheid voordoet.' Triomfantelijk keek hij me aan. 'Maar van uw acné bent u in elk geval af.'

Wie maakte er nou ook een punt van een paar pukkels, wie slikte er nou als een stomme koe zomaar pillen zonder de bijsluiter te bestuderen? Ik en nog eens ik. We schaamden ons een ongeluk. Maar gelukkig hadden we nu de kans om boete te doen: er zou een streng detoxicatiedieet gevolgd moeten worden, de tijd van de zalmmousses en de soufflés van mijn zorgzame vriendinnen was voorbij. Even goed de schouders eronder en ik zou weer de oude zijn.

Ik wierp de resterende antibiotica weg, dronk liters zuiverend artisjokkenelixer, ondersteunde mijn overwerkte lever met verantwoorde medicijnen, vastte de giffen eruit en moedigde mijn witte bloedlichaampjes aan. Zo vergleden een paar weken vol nuttige werken. Een volgend onderzoek wees gelukkig uit dat het bloed mij weer schoon en helder door de aderen bruiste. Alleen, waarom lag ik hier dan nog altijd te kwijnen gelijk Eline Vere de tweede? Waarom knapte ik niet op? Er kon toch niet nóg iets mis zijn? Alsof de combinatie van een hersenschudding en een medicijnvergiftiging al niet bizar genoeg was. Mijn moeder klaagde er nu al over: 'Kun jij nou nooit eens iets *gewoons* krijgen?' Snel probeerde ik de gedachte te onderdrukken dat die glazen pui en die verhipte pillen alleen maar toevallige aanleidingen voor mijn ziekbed waren geweest en dat er intussen allang iets heel anders had gespeeld, iets ergs, iets verschrikkelijks, dat, toen ik eenmaal geveld was, zijn kans had gegrepen me volledig uit te schakelen.

Maar de huisarts lachte mijn zorgen weg, en hij was per slot van rekening de deskundige. Compleet herstellen van zo'n dubbele klap, suste hij, dat kostte gewoon enige tijd. Het punt was dat men zich daar aan moest *overgeven*. Ik zou me erbij moeten *neerleggen* dat ik even uit de roulatie ben. Had ik daar soms uhm, ahh, *emotionele problemen* mee? Dat was dan geen goed teken! Een mens was niet uitsluitend gemaakt om te werken. Dan pleegde een mens namelijk roofbouw. En in dat geval werd men onvermijdelijk vroeger of later tot staan gebracht doordat het lichaam aan de noodrem trok. Doordat het bijvoorbeeld niet wilde genezen van de simpelste akkevietjes. 'U kunt

het blijkbaar niet opbrengen om behoorlijk uit te zieken,'
concludeerde hij, 'u hebt geen geduld, en dat is, hoe zullen
we het noemen, eerder een attitude-probleem dan een medisch probleem. U zult eerst eens goed bij uzelf te rade
moeten gaan, wilt u tenminste genezen.'

Lang voordat ik mijn lichaam reden gaf om aan de noodrem te gaan hangen, leerden de nonnen mij op school dat
het de tempel der Heilige Geest was. Wanneer opdringe-
rige jongens hun tengels naar mijn klasgenootjes en mij
uitstaken, zou het volgens hen volstaan ze op dit feit te
wijzen. 'Ik ben de tempel der H. Geest!' en vol vrome
huiver zouden zij ons op slag ongemoeid laten. Dat het
buiten andermans grijpwijdte blijven in werkelijkheid
echter eerder atletische bekwaamheden, een zwarte band
in karate of tactvol geploeter vereist, dat was ons toen
nog geheel onbekend: er zijn veel facts of life waarop je
slecht wordt voorbereid.

Ook op het feit dat je lichamelijke defecten kunt krijgen
die zich niet zomaar laten oplossen, ben je niet bedacht.
Geen mens telt bij het ontwaken juichend van dankbaarheid haar werkzame organen, ledematen en lichaamsfuncties – gezondheid is een vanzelfsprekendheid, gezondheid
is de norm. Dat het in werkelijkheid evenwel een privilege
is, en bovendien een broos en onzeker bezit, dat besef je
pas na het kwijtraken ervan, als je je paspoort tot het
normale leven hebt verloren, als je ontdaan bent van je
voorrechten en beroofd bent van wat je nu pas herkent
als je kostbaarste eigendom. Ziek zijn komt in zekere zin
neer op statenloos worden, op verbannen zijn van vertrouwde grond, op het ingekwartierd worden in een nieuwe en onbekende wereld, strikt afgescheiden van die van
de gezonde medemens. Samen met de andere hulpbehoe-
vende bibberaars wier tempel der Heilige Geest is ineen-
gestort, verblijf je plotseling buiten de normale orde, ieder
voor zich in een eigen kamp, waar men zich overgeeft aan

machteloos gepieker en geschrei, en waar men, eerlijk is eerlijk, uitstekend wordt gevoed. We moeten het niet erger maken dan het is.

Hoe dan ook, de asielzoekster die de zieke is, klampt zich vol hoop en vertrouwen vast aan de enige die haar uit dit halfleven kan verlossen, de enige die haar waardeloos geworden documenten opnieuw van valide stempels kan voorzien, de enige die voor haar terugkeer naar de oude weelde kan zorgen: de dokter.

Dus zei ik ferm tegen mezelf: neem zijn advies ter harte. Aanvaard. Laat los. Sleur vanuit je tenen vredige gedachten omhoog in plaats van je nog langer tegen je ziekbed te verzetten. Herbezie je prioriteiten. Zet je wilskracht niet in voor een gevecht, maar voor het accepteren van de omstandigheden. Mediteer. Doe yoga-oefeningen. Probeer in contact te komen met je diepste zelf. Herstel het verstoorde evenwicht. Vervang elke negatieve gedachte door een positieve. Laat je niet vermurwen door twijfel. Stel je voor dat er een kosmische lichtstraal op je navel is gericht. Stel je voor dat elk van je zintuigen een andersoortige bloem is. Stel je voor dat je een tochtstrip bent.

Voel hoe je per dag geestelijk rijker wordt. Prachtig zoals het zonlicht door de gordijnen wordt gefilterd, en héél goed dat je nu eens de tijd neemt om daarvan te genieten. Vergelijk dit met vroeger. Concludeer dat je toen maar een half mens was. Voortaan geen gejekker en gestekker meer, maar aandacht voor de schepping en je eigen harteklop.

Maar vlak voordat ik mezelf aldus definitief de kist in had gezalfd, kreeg ik een verkwikkende aanval van opstandigheid. Een fraai zieleleven is één ding, maar een mens wil ook een gezonde bast. Dus wat lag ik hier nog altijd te druilen, niet bij machte langer dan een half uur per dag op te zitten? Ik was toch verdomme geen flensje?

Moeizaam krabbelde ik overeind en belde een taxi. De huisarts zou het over een andere boeg moeten gooien. Er was niets loos met mijn attitude, waarom zou er ineens iets aan mijn attitude mankeren, straks werd ik nog zo iemand die onder deskundige begeleiding op kussens sloeg, alleen maar omdat ik altijd prima had gedijd op hard werken en hard leven – de toestand waarnaar ik nog per heden wenste terug te keren. In de taxi maakte ik bevend van woede een lijstje van de vreemde verschijnselen die me plaagden: koortsaanvallen, slaapstoornissen, een gevoel van hoogspanning in alle spieren, omvallen bij de geringste beweging, spreken met dubbele tong, braken, algehele desoriëntatie, slecht zicht en een afmattende hersenvermoeidheid die al optrad als ik langer dan een minuut naar iemand probeerde te luisteren.

Veel lijn zat er niet in mijn symptomen, dat was waar. Dit waren de klachten van een idioot die niet kon besluiten wat zij wilde mankeren. Dit waren, vreesde ik, wat in artsenkringen 'vage klachten' werden genoemd. Alleen had de hele lijst merkwaardig genoeg iets bekends. Ik kende deze litanie ergens van. Elke statie van deze kruisweg deed me aan iets denken. Aan iemand, om precies te zijn. Aan Caroline.

'Zou ik ME kunnen hebben?' vroeg ik bevreesd.

Mijn huisarts schudde glimlachend zijn hoofd. 'Fysiek mankeert u allang echt niets meer,' herhaalde hij nog maar eens geruststellend. Hij is antroposoof, hij beziet de mens als één geheel, inclusief haar karma, wat ik altijd mooi had gevonden, maar ik had hem dan ook nog nooit eerder voor iets ernstigs nodig gehad.

'Het lijkt anders verdacht veel op ME,' stamelde ik miserabel.

Pas toen vroeg hij: 'ME?' Nooit van gehoord, stond op zijn gezicht geschreven. Toegeeflijk informeerde hij: 'En wat mag dat dan wel betekenen?'

Myalgische. Myalgische dinges. Encafole. Encefalo. Mijn afasie sloeg weer toe. Myalgische encephalomyelitis, spelde ik moeizaam.

Nee, die ziekte kende hij niet.

Deze klucht begon toen pas echt.

TWEEDE BEDRIJF

Ik zit in een wachtkamer vol stukgelezen *Arts en
Auto*'s, natte regenjassen en zwijgende vreemden.
Uren wachten is in deze polikliniek heel gewoon.
Na verloop van tijd weet ik bijna niet meer hoe ik
mezelf op mijn oranje kuipstoeltje overeind moet
houden. Tot mijn afschuw voel ik op een zeker
moment tranen van ellende en vermoeidheid in mijn
ogen schieten. Ik probeer ze nog tersluiks weg te
vegen, maar als ze eenmaal rollen, blijven ze rollen.
Ik heb geen zakdoek bij me. Met gebogen hoofd
snotter ik in mijn mouw. Dan tikt iemand me op
mijn schouder. Ik kijk op, recht in het stralende
gezicht van een jonge vrouw. 'Wat enig,' zegt ze, 'ik
heb je altijd al eens willen ontmoeten. Ik bewonder
je werk enorm.' En met een opgetogen armzwaai
word ik, groen van uitputting, betraand, besnot,
luide voorgesteld aan de hele wachtkamer: 'Dit is
die *beroemde* feministe.'

ME is niet een ziekte die met een laboratoriumtest kan
worden vastgesteld, zoals hepatitis, of die een voor-
spelbaar verloop en een duidelijke oorzaak heeft, zoals
waterpokken. ME is in feite louter een verzameling symptomen die gezamenlijk een herkenbaar, maar volstrekt onverklaarbaar ziektebeeld vormen. De naam myalgische
encephalomyelitis verwijst naar een aantal van deze symptomen. Myalgia betekent spierpijn en encephalomyelitis
wil zeggen dat er sprake is van ontsteking van de hersenen
en het ruggemerg. Britse onderzoekers hebben de term ME

geïntroduceerd en hij is ook in ons land ingeburgerd geraakt, maar hij klopt niet helemaal. Want ofschoon de hersenwerking van ME-patiënten gestoord is, evenals een aantal functies van het centraal zenuwstelsel, is inmiddels vastgesteld dat een ontsteking daarvan niet de oorzaak is. Het meest recente onderzoek wijst uit dat ME vermoedelijk een ziekte van het afweersysteem is, zonder dat overigens bekend is wat daaraan ten grondslag ligt. In de Verenigde Staten spreekt men sedertdien van het *Chronic Fatigue and Immune Dysfunction Syndrome.*

De voornaamste klachten die dit syndroom veroorzaken zijn abnormale spierzwakte, grote uitputting die al bij de geringste lichaamsbeweging optreedt en die dagen voortduurt, en tal van neurologische problemen zoals concentratie- en geheugenverlies, storingen in de zintuiglijke waarnemingen en evenwichtsproblemen. Verder herkent men de ziekte aan de onvoorspelbare variatie in hevigheid van de verschijnselen, die van week tot week, van dag tot dag en zelfs van uur tot uur dramatisch kunnen verschillen, en aan het feit dat de conditie van de patiënt maanden- en uiteindelijk jarenlang nauwelijks of geen verbetering vertoont.

Veel ME-patiënten hebben hun ziekte ontwikkeld na een virusinfectie (zodat ook de benaming post-viraal syndroom in zwang is geraakt) maar het komt even vaak voor, zoals ook in mijn geval, dat men zonder aanwijsbare oorzaak langzaam in de aandoening wegglijdt, onderweg een handje geholpen door een verkoudheid, een ongelukje, of iets anders onnozels. In beide gevallen is de uitkomst gelijk: de patiënt raakt in meer of mindere mate geïnvalideerd en blijft vervolgens in die staat steken. Overigens kan de ernst van de klachten per persoon verschillen. Sommigen kunnen nog parttime werken, anderen komen in een rolstoel terecht.

Er bestaat helaas nog zó weinig medische kennis over het ontstaan van ME, dat de meeste artsen geloven dat deze ziekte psychosomatisch is of zelfs uitsluitend in de geest van de lijder bestaat. Die opvatting blijkt bijzonder hardnekkig te zijn. Toch is er inmiddels genoeg onderzoek gedaan dat puur somatische gegevens heeft opgeleverd. In een Australisch laboratorium is bijvoorbeeld menselijk ME-materiaal in apen ingespoten, waarna bijna de helft van deze dieren ziek werd en er een zelfs overleed. Er is dus reden genoeg om aan te nemen dat ME-patiënten iets in hun organisme meedragen dat niet in de haak is. Maar zolang er in het lichaamsonderzoek geen harde medische bewijzen worden gevonden, zullen er, zo moet worden gevreesd, artsen zijn die geen geloof hechten aan het bestaan van ME. Zij wijzen er spottend op dat nog maar kort geleden geen mens van deze aandoening had gehoord, laat staan dat iemand er aan leed. Naar hun smaak is er hier sprake van een modieus verschijnsel, iets om aandacht mee te trekken, iets dat suggestibele lieden zichzelf aanpraten.

Of suggestibele apen, natuurlijk.

Tot zover de stand van zaken.
Welkom in het gekkenhuis.

Een boek vasthouden was nogal een opgave, maar onder in een kast had ik een handige contraptie gevonden waarin lectuur vastgeklemd kan worden, en aldus las ik die eerste maanden, met een liniaal onder de regels om het wiebelen van de woorden tegen te gaan, elke letter die ooit was gepubliceerd over de vijandelijke macht die mij naar ik vermoedde had bezet, die gore *alien* die zich in mij had genesteld. Ik was in zekere zin opgelucht nu eindelijk te weten wat me mankeerde. De waarheid kennen, zelfs al is het een beroerde waarheid, valt altijd te prefereren boven angstig in het duister tasten. Ik had ME, klaar.

Ik geloof vanzelfsprekend niet dat ME een ingebeelde ziekte is. Het is nogal veel gevraagd om jezelf als een simulant te beschouwen. Net zoals de spreekwoordelijke gek zeker weet dat hij niet krankzinnig is, maar integendeel beslist Napoleon, zo ben ik ervan overtuigd dat het niet mijn geest doch integendeel beslist mijn lichaam is waarin iets onwenselijks huishoudt. Ik laat me geen oor aannaaien alleen maar omdat de geneeskunde nog op een te laag plan staat om inzicht te hebben in de aard van ME. Ooit wisten artsen ook niet waar de pest vandaan kwam of wat ze ertegen moesten beginnen, maar dat heeft half Europa niet verhinderd eraan te overlijden: het feit dat een ziekte onverklaarbaar is, doet niets af aan het werkelijkheidsgehalte ervan.

Het zou natuurlijk wel handig zijn als kwalen zich pas voordeden op het moment dat de wetenschap er raad mee weet, maar de geschiedenis leert dat het doorgaans precies andersom gaat. Medisch inzicht wordt meestal uit noodzaak geboren, namelijk pas wanneer er zich onbekende ziektes voordoen, die om bestrijding vragen. Zoals er eerst de bacil was, en toen de microscoop en toen pas het vaccin, zo zullen er, naar we mogen aannemen, ooit onderzoeksmethodes worden ontwikkeld die ME zichtbaar, meetbaar en uiteindelijk behandelbaar maken, maar in de tussentijd lijd ik er toch vast aan. De wereld waarin we leven produceert nu eenmaal onherroepelijk nieuwe ziektes, zoals ze ook voortdurend nieuwe dilemma's, nieuwe verhoudingen en nieuwe vormen van onrecht produceert. Ik moet me maar troosten met de gedachte dat een vorige generatie artsen, luttele decennia geleden, meende dat multiple sclerose-patiënten eveneens hysterici, geesteszieken, querulanten of personen met een al te levendige fantasie waren.

De neuroloog ziet het anders. Als ik hem tijdens een van die eerste maanden vertel dat ik ME heb en graag zou willen weten hoe nu verder te handelen, staart hij eenvoudig dwars door me heen. Dan herinnert hij zich opeens in de krant te hebben gelezen dat ik onlangs deel uitmaakte van de jury van de AKO-literatuurprijs. Was het niet zo dat ik daarvoor achter elkaar een stuk of tweehonderd boeken heb moeten lezen? Welnu, hij sluit niet uit dat dat mij nog altijd parten speelt. Van zoiets zou namelijk iedereen ziek worden, te beginnen met hemzelf. 'Volgens mij,' zegt hij, 'bent u alleen maar wat van slag geraakt door al dat lezen.'

Sprakeloos kijk ik hem aan. Maar hij meent het nog ook. En nu we het er toch over hebben: het zint hem ook niets dat ik schrijfster ben. Dat is geen vak voor een fragiel vrouwtje. Ter illustratie tikt hij tegen zijn slaap: hij heeft het over de belasting van mijn hersenen – altijd maar denken, dat is waarschijnlijk niet zo wijs, in mijn geval. Hij kijkt niet ontevreden bij die woorden, want verdomd, dit is natuurlijk een veel zinniger verklaring voor mijn ellende dan dat obscure verhaal van mij over een of ander omstreden syndroom. Ik moet maar eens een weekje naar Schiermonnikoog gaan, vindt hij. Daar fleurt hij zelf ook altijd zo geweldig van op. Frisse lucht, de rust van het wad, en 's avonds een ontspannen borreltje bij Van der Werff. Ten teken dat ons onderhoud is afgelopen, slaat hij mijn dossier dicht en komt overeind. Paniekerig begin ik tegen te stribbelen. Ik zal toch niet naar huis worden gestuurd als iemand die haar hoofd alleen maar wat minder moet gebruiken? In verwarring stamel ik dat ik echt te ziek ben om het dagelijks bestaan het hoofd te bieden.

Hierom moet hij een beetje lachen, de neuroloog. Want waaruit bestaan mijn beslommeringen nu helemaal? 'U woont toch alleen? U hoeft dus voor niemand te zorgen,' stelt hij vast.

Lamlendig begin ik uit te leggen dat ik niettemin de was bijvoorbeeld af en toe in de wasmachine moet stoppen en er weer uithalen, wat me helaas niet meer wil lukken. Meteen rijzen als de toppen van Tirga Mor, Torr Nead An Eoin en Cnoc Breac Gamhainn de gewone dingen van alledag voor me op. Kattebak verschonen. Afwas doen. Knoop aanzetten. Boodschap doen. Vloer stofzuigen. Plant water geven. Voorwerp uit kast pakken. Bloes strijken. Brief posten. Ketel water opzetten.

Vermoedelijk is het probleem niet alleen dat mijn neuroloog daar thuis een aangetrouwde huishoudster voor heeft, het punt is vast ook dat hij niet eens weet hoeveel energie vretende handelingen het bestaan dagelijks vereist. Ik neem hem dat niet kwalijk, want eerlijk gezegd heb ik dat zelf ook nooit eerder beseft; ik weet het pas sedert ik 's ochtends vaak moet kiezen tussen aankleden of douchen. Dat wat het leven het leven maakt zijn niet de grote thema's, het zijn juist de kleinigheden, de aaneenschakeling van het ene klusje na het andere karweitje, de rijstebrijberg van details, het nederig aanslibsel van de trivialiteiten en banaliteiten van alledag. Het leven is: nu dat weer.

Maar ik geloof nooit dat ik dat standpunt over het voetlicht zal krijgen bij iemand die over zoiets gewichtigs gaat als onze hersenfuncties. Kwaadaardig loensen we elkaar enige tijd aan. Ik krijg het gevoel dat de neuroloog het mij persoonlijk kwalijk neemt dat ik niet pas in een hanteerbaar, aan hem bekend ziektebeeld. Het is zijn roeping om wonderbaarlijke genezingen te bewerkstelligen, niet om te luisteren naar gezeur over de was. Hij vergeet dat ik meer reden heb om me bekocht te voelen dan hij. Hij beseft niet dat ik niets liever zou willen dan dat hij inderdaad almachtig was – daar zou ik namelijk nogal mee gediend zijn. In dat verlangen zouden we elkaar toch moeten kunnen vinden. O Dokter. O Grote Tovenaar! Zijt gij niet de poortwachter van het leven zelf, aanwezig als u bent bij geboorte en overlijden? Waarom ambieert iemand die positie, flitst het door me heen. Maar goed: zijt gij niet de rechterhand van God, of misschien zelfs zijn plaatsvervanger op aarde, zoals u heerst over leven en dood? Et cetera.

Bits zegt Gods plaatsvervanger: 'Het lijkt me niet nodig om een nieuwe afspraak te maken. U knapt vanzelf wel weer op als u wat rust neemt.'

Erkennen dat ME bestaat, is erkennen dat men als arts met de handen in het haar zit – en niemand vindt het leuk geconfronteerd te worden met zijn tekortkomingen. Of misschien is het probleem van ME wel, dat je er niet aan overlijdt. Je wordt er alleen maar een levend lijk van. Dat is, we moeten het onder ogen zien, geen erg spectaculaire staat.

Als goed gesocialiseerde vrouw kost het me weinig moeite om in de schoenen van de gemiddelde arts te gaan staan en mezelf door zijn ogen te bezien. Wat komt daar maand in, maand uit als een bleke schim de spreekkamer binnenwankelen? Een astrante rotpatiënte met vage klachten, volgens onze bevindingen zo gezond als een vis. We hebben haar immers uitputtend beklopt en doorgemeten, er zijn haar ontelbare buisjes bloed en hectoliters urine afgenomen, we hebben haar contrastvloeistof in de aderen gespoten en in scanners geschoven, we hebben haar aan audiogrammen onderworpen, haar afwisselend warm en koud water in de oren gespoten terwijl ze werd blootgesteld aan knipperende lampen, we hebben elektroden op haar geplakt en haar aan apparaten gelegd die EEG's, EOG's en ECG's maken. We hebben al onze kennis en techniek op haar losgelaten! We hebben haar op basis van haar symptomen achtereenvolgens tuberculose toebedacht, een schildklieraandoening, een leverstoornis ten gevolge van een eerdere medicijnvergiftiging, en een beschadiging aan haar evenwichtsorgaan, opgelopen bij een botsing tegen een glazen pui: hebben we ons best gedaan of niet? Maar er valt niets te vinden. En wat kan een patiënt dan mankeren?

De internist naar wie de neuroloog me heeft doorverwezen, en die me op zijn beurt doorstuurt naar de KNO-arts die me terugzendt naar de neuroloog die vindt dat ik bij de internist moet zijn, begint nu ook aanstalten te maken me uit zijn met moderne kunst behangen praktijk te gooien. Hij zegt dat het wel vaker voorkomt dat mensen na een ongeval of een schijnbaar onschuldige aandoening niet meteen terugveren naar hun oorspronkelijke staat. Maar ik hoef me geen geen zorgen te maken: het is zijn ervaring dat men de vitaliteit na een maand of zes vanzelf herwint. Het is alleen van levensbelang dat men in de tussentijd NIET tobt of piekert. De mensen halen zich soms zulke rare dingen in het hoofd! Dat is met mij toch niet het geval, hoopt hij? Ik denk toch niet dat ik bijvoorbeeld kanker heb?

'Nou nee,' zeg ik, 'dat niet.'

'Daar belasten namelijk veel mensen hun gezondheid mee, met onnodig piekeren en tobben.'

'Dokter,' zeg ik voor de veertiende maal, 'volgens mij heb ik ME.'

'Maar zolang u zich nu maar niet inbeeldt dat u iets *ernstigs* hebt,' zegt hij begaan, terwijl hij mijn documentatie van de ME-stichting, de patiëntenvereniging van lijders aan ME, ongelezen over zijn brede bureau naar me terugschuift. Hij knikt me vaderlijk toe. Hebben we samen niet een goed en verhelderend gesprek gevoerd? Heeft hij niet een massa tijd voor me uitgetrokken, precies zoals patiënten dat vandaag de dag wensen? Patiënten willen niet met een kluitje in het riet worden gestuurd. Terwijl hij de deur voor me openhoudt, drukt hij me mijn folders weer in de hand.

Maar nu komt het goed uit dat ik enkele decennia feminisme achter de rug heb: ik heb afgeleerd te schrikken van andermans ongeloof in mijn beweringen. Ik heb per slot van rekening al vaker meegemaakt dat ik werd uitgelachen, weggehoond of van de trap geslagen als ik iets verstandigs zei. Ik heb mijn hele volwassen leven lang als feministe zó dikwijls bericht over een realiteit die velen, om welke reden dan ook, liever wilden ontkennen, dat een confrontatie met dovemansoren me allang niet meer verplettert. Ik weet wat dovemansoren en ongeloof doorgaans betekenen. Ik hoef alleen maar te denken aan de hordes naamloze slachtoffers van verkrachting en incest. Wie nam, tot voor kort, de klachten van deze vrouwen serieus? Ik behoor tot een menssoort die een lange, lange training heeft in weggewimpeld worden, en die training komt me nu van pas: ik ga niet automatisch aan mezelf twijfelen als ik niet op mijn woord word geloofd. Dat is voor mij geen nieuwe ervaring. Vrijwel alles dat ik de afgelopen twintig jaar heb gezegd of geschreven, is immers ooit beschouwd als overdrijving, vaak zelfs als verzinsel. En heb ik me daardoor uit het veld laten slaan?

Ha! Ik ben gewoon geknipt voor een ziekte als ME.

Maar geen enkel verhaal vertelt zichzelf. Ook dit niet: het wordt immers door mij verteld. Misschien ging het in werkelijkheid dus heel anders toe. Misschien waren mijn specialisten stuk voor stuk wel echte begripvolle dotten. Misschien heb ik nooit tartend gedacht: 'Ha! Ik ben gewoon geknipt voor ME!' Misschien heb ik dat eerste halfjaar alleen maar in een staat van onbeschrijflijke verwarring verkeerd. Misschien hoopte ik na elke diagnose telkens opnieuw wekenlang vurig dat ik inderdaad tuberculose zou blijken te hebben, of een leverkwaal, of iets anders waarvoor gewoon werkzame medicijnen of simpele operaties bestaan. Misschien heb ik, na alweer een consult, wel vaak mijn ogen uit mijn kop zitten huilen van frustratie. Misschien was de wachtkamer wel zozeer mijn biotoop geworden, dat ik ten slotte ook thuis niets anders meer deed dan willoos en werkeloos wachten, zonder er één samenhangende gedachte op na te houden. Ik sluit niet uit dat het allemaal oneindig veel taaier en saaier was dan iemand zou kunnen bevatten.

Hoe dan ook, het is een onthutsende ervaring tevergeefs om medische hulp aan te kloppen. Ik heb altijd voetstoots aangenomen dat je bij ziekte, mits niet fataal, bij een dokter terecht kon om je rechttoe, rechtaan via een erkende methode te laten genezen. Zo ongeveer zoals je door een verhuizer wordt verhuisd, zal ik maar zeggen, en door een tweedehands-autohandelaar wordt opgelicht. Iedereen heeft wel een pacemaker onder zijn bekenden, een met goed gevolg geconiseerde baarmoederhals, of een netvlies dat met laserstralen is gerepareerd: 'Ze kunnen zo veel, tegenwoordig.' We leven tenslotte niet meer in de middeleeuwen. Weliswaar had ik persoonlijk graag die hooggestemde debatten bijgewoond over de vraag hoeveel engelen er op de punt van een naald passen, maar verder ben ik een kind van mijn tijd en dus behept met de overtuiging dat zoiets prehistorisch als een onverklaarbare ziekte allang niet meer voorkomt.

Die gedachte is helaas nogal naïef. De medische kennis vertoont in werkelijkheid namelijk nog steeds enorme lacunes, zelfs waar het algemeen erkende aandoeningen betreft. De ziekten van Parkinson en Alzheimer zijn goede voorbeelden van kwalen waarin nog nauwelijks inzicht bestaat, maar ook van een alledaagse ziekte als diabetes is de oorzaak nog altijd niet helemaal bekend, en artsen weten evenmin waarom de ene kankerpatiënt wel gunstig op chemotherapie reageert en de volgende niet. De geneeskunde is een wetenschap die noodgedwongen vaak maar wat aanbroddelt. En ook als medici geheel zeker van hun zaak zijn, slaan zij de plank nogal eens mis. Het is bijvoorbeeld nog maar een half mensenleven geleden dat aan de neuroloog E. Moniz de Nobelprijs werd toegekend voor een door hem ontwikkelde operatieve ingreep, genaamd lobotomie. Nog korter geleden werd in de gehele westerse wereld het preparaat diethylstilbestrol, in de wandeling DES geheten, op grote schaal voorgeschreven aan zwangere vrouwen omdat je er zulke mooie, gezonde kinderen van zou krijgen – totdat een generatie later bleek dat deze wolken van baby's diverse vormen van kanker hadden.

Het DES-drama maakt niet alleen duidelijk dat er in het medische bedrijf, net als elders, fouten worden gemaakt, het toont ook aan hoe tomeloos de behoudzucht van artsen kan zijn: de DES-dochters zelf hebben hemel en aarde moeten bewegen om serieuze aandacht voor hun probleem te krijgen. Net als ME-patiënten nu, werden ze aanvankelijk weggehoond. Maar slechts tien jaar later ontkende geen mens meer het verband tussen het gebruik van DES en zekere manifestaties van kanker bij de volgende generatie, en procedeerden de slachtoffers zelfs met succes tegen de farmaceutische bedrijven die het middel hadden vervaardigd.

Dit voorbeeld strekt mij tot troost. In een wereld vol nieuwe geneesmiddelen met een nog onbekende lange-termijnwerking, een wereld waarin zich nieuwe en dus onbegrijpelijke medische klachten voordoen, zoals de mijne, moet je als patiënt blijkbaar soms gewoon een hoop doe-het-zelven. Het zou aardig zijn als artsen zichzelf als de bondgenoot van hun patiënten beschouwden, maar dat doen ze niet per definitie. Nog aardiger zou het zijn als ze mij beschouwden als een geval waarin ze eens lekker hun tanden konden zetten. Ook dat blijkt echter niet zo te zijn. Het lijkt me na mijn onderhoud met de internist het beste de situatie maar ronduit onder ogen te zien: ik sta hier kennelijk alleen voor.

Hoe alleen weet ik op dat moment nog niet.

'Maar Renate,' zeggen mijn vriendinnen nadat ik de slapstick-nummers uit de diverse spreekkamers voor ze heb opgevoerd, 'je hebt natuurlijk ook helemaal geen ME.'

'En waarom niet?' vraag ik beduusd.

'Nou, waarom wel? Alleen maar omdat Caroline ... het ... ook heeft? Dat zou statistisch gezien toch wel erg kras zijn, jullie allebei ... hier, een sapje.'

'Kras?' roep ik uit. 'Hoezo? Naar schatting lijden er minstens vijftienduizend mensen in Nederland aan. De trefkans is zo klein nog niet!'

'Maar als dat echt zo was,' zeggen mijn vriendinnen op redelijke toon, 'dan zouden die dokters van je er verder toch ook niet zo moeilijk over doen? Dan was die ... ziekte ... toch wel bekend?'

'Weet je welke ziekte bekend is?' snauw ik. 'Aids. Daar valt tenminste eer aan te behalen.'

Mijn vriendinnen worden nijdig. 'Draaf nou niet meteen zo door,' roepen ze uit. 'Zo lichtgeraakt als je bent! Je lijkt wel overspannen. Wist je trouwens dat dat ook zulke rare fysieke verschijnselen met zich kan meebrengen? Bomen van kerels, die door een overspanning niet meer in staat zijn een lucifer af te strijken! Net als jij! Zou je niet eens overwegen of je au fond niet een heel ander soort hulp nodig hebt dan medische? Alleen maar overwegen? In plaats van aan dat heilloze idee van ME vast te houden? Want heus, dat heb je echt niet. Dat bestaat gewoon niet.'

Dat ik het heb? Bestaat dat niet? Of bestaat ME niet? Wacht even, wacht even!

Ik lag jaren geleden eens in een ziekenhuis naast iemand die, telkens als het verplegend personeel tekortschoot in medegevoel, verontwaardigd uitriep: 'We liggen hier heus niet voor onze zweetvoeten, hoor.' Wie zich beroerd voelt, wenst erkend te zien dat zij daar alle reden toe heeft. Die wil horen: wat onzettend, komaan, we gaan meteen naar Lourdes. Dat verlangen naar erkenning en bevestiging is des te sterker als de patiënt de verdenking op zich voelt rusten louter aan een hersenschim te lijden. Ziek zijn gaat immers al gepaard met zoveel verlies aan waardigheid.

Het minste dat de patiënt verlangt, is dat de kwaal zelf dan tenminste wordt gerespecteerd.

Wanneer een groot deel van mijn eigen omgeving ME nu ook al tot de apocriefe evangeliën blijkt te rekenen, slaat dat mij behoorlijk uit het lood. Dove en blinde medicijnmannen zijn één ding, maar mijn eigen mensen, dat is een ander verhaal. Zij zijn degenen op wier oordeel ik me altijd heb verlaten, degenen van wie ik hou, degenen die me mijn diepste gevoel van veiligheid in het leven bezorgen. Ik wens hun onvoorwaardelijke steun. Als zij al niet in mijn ziekte geloven, wie dan wel? Maar misschien is hun ontkenning van de situatie wel voor een deel ondersteunend bedoeld. Misschien willen ze me graag opmonteren en voorkomen dat ik de moed verlies. Alleen heb ik niet zo'n behoefte aan een opbeurend woord. Ik wil mijn ellende bij zijn naam genoemd horen worden. Ik wil dat het verschrikkelijke erkend wordt als verschrikkelijk. De harde werkelijkheid is immers dat ik een onbehandelbare ziekte heb.

Daar zit ik dan, miskend en wel. God nog aan toe, ik lijk Rob de Nijs wel. 'Nederland is te klein voor mijn talenten.' Hoe voorkom ik dat ik ook zo'n verongelijkte klier vol gekwetste eigendunk word?

Schuldig neem ik mijn vriendinnen tersluiks op, terwijl zij als ware engelen van liefde onvermoeibaar mijn afwas doen, schone lakens op mijn bed leggen, zakken sinaasappels en rollen w.c.papier aanslepen, en zelfs mijn tuin voor me omspitten. Zoals ze zich uitsloven! Laten ze niet uit alles blijken dat ik als vanouds op ze kan rekenen? Zou ik me niet liever gelukkig prijzen: zonder hen was ik allang verkommerd. Zij zijn de handen die me dragen, van de ene hopeloze dag naar de volgende, met veronachtzaming van hun eigen behoeftes en verplichtingen. Maar wat *denken* ze ondertussen? Wat denken ze werkelijk over me? Ik kan ze bijna niet meer recht in de ogen kijken, zo sterk zijn mijn verdenkingen. De zorgzame schatten uithangen, ja, en achter mijn rug om bij een borrelnootje hoofdschuddend tegen elkaar zeggen: 'We kennen haar toch? Doe er maar weer een pond zout bij!'

De vervreemding beperkt zich niet tot mijn naasten – algauw word ik er zelf ook onderdeel van. Ik ken mezelf en mijn eigen leven niet meer terug. Deze stakker hier op de bank is een onbekende voor me, en haar hele bestaan komt me voor als een zak gelei zonder enige samenhang. Ik zal mijn zelfbeeld grondig moeten bijstellen: dit ben ik nu. Maar mijn oude ik houdt zich in ware doodsnood met twintig nagels aan mij vast. Het is niet van plan zich zomaar weg te laten sturen. Het maalt slapeloze nachten lang over een urgente vraag: ben je nog wel wie je was als je niet meer kunt wat je kon? Voor mij is de brandende kwestie niet of ME al dan niet bestaat, de vraag is of ik zelf nog besta.

Oh, wat ben ik woedend op mijn lichaam, dat me in dit ongewisse heeft gestort. Het liefst zou ik niets met dat aftandse lor te maken hebben. Wat me meteen op een volgend existentieel probleem brengt, want *heb* ik mijn lichaam slechts of *ben* ik het? Is het louter het foedraal waarin ik woon, of is het, lock, stock and barrel, wie ik ben? Gelukkig brengt Descartes uitkomst: cogito, ergo sum. Wat een opluchting. De zetel van het ik is niet het lichaam, maar de geest. Die slag is aan mij! Alleen is mijn blijdschap van korte duur. Ook op het vlak van cogito ben ik immers lelijk in de lappenmand. Vaak dreg ik in het moeras van mijn hoofd naar mijn vertrouwde onderhoudende gedachten, om tot de conclusie te moeten komen dat er dagen zijn waarop ik zelfs één en één niet meer bij elkaar krijg opgeteld. Mijn hersens lekken zo ongeveer door mijn oren naar buiten en laten zich net zomin als mijn spieren nog aan mijn wil onderwerpen. Ik begin te ontdekken wat elke ME-patiënt vroeger of later moet constateren: dit is een ziekte die het ego weinig vrijplaatsen laat. Een zeer been staat je nog toe te lezen of televisie te kijken, een haperend orgaan hindert je niet bij het nadenken en logisch redeneren, een verstopte kransslagader maakt geen einde aan fietsen, tuinieren, of een wandelingetje naar de brievenbus. ME daarentegen stuurt alles tegelijk in het honderd, er valt eenvoudig niet aan te ontsnappen: het hoofd kan niks en het lichaam kan niks en allebei gedragen ze zich vrijwel continu hoogst alarmerend en onaangenaam.

Het enige dat nog werkt, is mijn wil. Mijn wil maakt overuren, terwijl ik nu net beter uit zou zijn zonder. Mijn wil is als enig onderdeel van mij in optima forma, mijn onuitstaanbare wil heeft nog volop noten op zijn zang. Alle hens aan dek. De toestand wordt desperaat, mannen.

'Bij voortduring van de klachten raadplege men een arts.'

Toen een van mijn kleine buurmeisjes haar arm brak, sprak zij, liggend op de behandeltafel van de eerstehulpdokter, gedenkwaardige woorden. Verwilderd zei ze: 'Ik weet ineens niet meer of ik nou nog wel Ariane Walberg ben.'

Pijn en andere verstoringen van de fysieke realiteit brengen een fenomeen met zich mee dat een veranderde lichaamservaring wordt genoemd. Het is moeilijk te beschrijven hoe angstaanjagend het is letterlijk niet meer thuis te zijn in je eigen corpus. Lawines van onbekende verschijnselen razen door mij heen als ik 's ochtends mijn ogen open. Wild kijk ik om me heen, zoals men doet wanneer men ontwaakt in een vreemd bed, een vreemde kamer – totdat de hamerslag van het besef valt dat het een vreemd lijf is waarin ik me bevind. Ik verfoei het woord lijf. Wat een lelijk, lelijk woord. Alleen idioten gebruiken het. Vroeger had ik een lichaam. Nu heb ik een lijf, een wezenloos object dat geen opdrachten begrijpt als: beweeg je hand RECHT naar dat koffiekopje, of: kijk uit voor die drempel daar. Een andere ME-patiënte vertelde eens dat zij op een dag op de bus stond te wachten. Ze voelde zich bijzonder goed, en was zonder vrees naar de bushalte recht tegenover haar huis gelopen. Daar kwam de bus. De deuren zuchtten open. Helaas had dat geen enkel effect op haar. 'Til je voet op,' herinnerde zij zichzelf, 'en zet hem op de treeplank.' TIL OP. TREEPLANK. 'Prallep! Troplank!' verstonden haar hersens. Lang nadat de bus weer was doorgereden, stond zij nog te mikken, bij de halte.

Elke ochtend als ik mij mijn bed uit vecht, begin ik meer begrip te krijgen voor mijn ongelovige vriendinnen. Zeg nou zelf: zou *ik* hier een touw aan vast kunnen knopen als ik het niet eigenlijvig ondervond? Geleidelijk daagt het me dat ik lijd aan een kwaal die door de verregaande zotheid van de symptomen nogal een aanslag pleegt op het doorsnee-inlevingsvermogen. Maak maar eens aannemelijk dat het net is alsof je kop van je nek zal rollen, alsof je met je tenen in het stopcontact zit, en alsof je het hoofd van een ander te leen hebt, maar dan in een verkeerde maat. Wat moet een gezond mens zich bij zulke mededelingen voorstellen? Zal men vol begrip knikken als ik beweer dat het lijkt alsof mijn hele lichaam in losse brokken ronddrijft, dat het is alsof ik permanent jet lag heb, alsof mijn spieren op eigen gezag de horlepiep dansen, alsof ik zonder onderbreking een jeneverinfuus krijg toegediend? En dat de geringste beweging al zeeziekte veroorzaakt?

Het lijkt me eerlijk gezegd wijzer om die bevindingen maar voor me te houden. Voor een buitenstaander betekenen ze niets, behalve een nieuw bewijs van mijn enorme fantasie. Niet voor niets heeft mijn vriendin Caroline, die ruim twee jaar in haar eentje met haar tenen in het stopcontact heeft gezeten, me beschroomd bekend: 'Toen ik besefte dat jij het ook had, toen ben ik, het spijt me, van vreugde in tranen uitgebarsten.'

Gek dat een mens zich op de toppen van haar geluk graag uniek wil achten, maar op de bodem van de put liefst zo veel mogelijk lotgenoten aantreft. En laat het leven nu zo coulant zijn die stipt aan te leveren. Word je thuis afgetuigd? Gelukkig overkomt dat een op de tien! Gepasseerd bij een promotie, gescheiden, opgebrand? Welkom bij de club! Zelfs myalgische encephalomyelitis blijk je niet te kunnen krijgen zonder dat een van je beste vriendinnen het ook heeft.

Wat zijn Caroline en ik elkaars geluk bij een ongeluk, temidden van al die walgelijke gezonden. Dat we statistisch gezien verdacht veel lijken op twee bommen in één vliegtuig, dat zal ons een zorg zijn. Zei de ene bom tegen de andere: 'Heb jij dat nou ook, dat gevoel dat je soms geheel uit gespleten haarpunten bestaat?' Herkenning is ook erkenning. Je hebt maar één medestander nodig, en er is meteen licht in de tunnel.

Mijn obsessieve aandacht voor alles wat me kwelt, verslapt in Carolines nabijheid aanzienlijk. Soms zeggen we zelfs met een schijnheilig lachje tegen elkaar: 'Nou ja, er zijn wel ergere dingen in het leven.' (Bijvoorbeeld het feit dat ik vroeger ook niet besefte wat Caroline doormaakte, al zei ze nog zo luid en duidelijk dat haar spieren horlepiepten. Lomper nog, ook ik dacht soms: nou meid, verman je, het heeft lang genoeg geduurd, en belazerd voelen we ons allemaal wel eens. Ik was dus geen haar beter dan mijn eigen dubieus kijkende vriendinnen. Misschien is de bittere waarheid wel dat zieken en gezonden elkaar niet echt kunnen verstaan.)

'Je probeert eens dit,' zegt Caroline, 'en je probeert eens dat. Soms helpt het even. Maar beter word je er nooit van.' Ze strijkt haar mooie, glanzende haar naar achteren. Ze ziet wat bleek, haar ogen staan enigszins dof, maar verder is er niets bijzonders aan haar te bespeuren. Ze ziet eruit als iemand die een nacht slecht heeft geslapen, meer niet. Ik zie er ook zo uit. We zijn niet erg overtuigend als zwaar zieken. En dan hebben we bovendien, volstrekt onvoorspelbaar, af en toe ineens heel goede momenten, een paar uur, of soms zelfs een paar dagen lang: wie ons dan meemaakt, zal helemaal denken dat we de kluit belazeren. 'En vlak ook niet uit,' zegt Caroline, 'dat je ermee leert leven, je gaat, hoe heet het, accommoderen. Je hoofd niet teveel bewegen, en zo. Niet meer dan één persoon tegelijk over de vloer halen. Niks afspreken tussen twee en vijf uur 's middags. Je wordt er steeds handiger in.'

Ik leerde haar tien jaar geleden kennen: zij publiceerde mijn eerste boek. Ik zie mezelf nog bedeesd in het grachtenpand van de uitgeverij achter haar aan een trap oplopen omdat ze me boven aan iemand wilde voorstellen. Het viel me op dat ze rare sokken aanhad, wat me als jong, beginnend schrijfster haast een blasfemische gedachte leek over je uitgeefster.

Ze draagt nog steeds rare sokken. Ze zou nog altijd, net als toen, het liefst op moorkoppen en negerzoenen leven. Ze is onveranderd geduldig en attent gebleven, en nog altijd even onverbiddelijk in haar oordeel. Ze houdt van koeien. Ze is geestig. Ze doet er drie jaar over om de juiste gordijnen te vinden. Ze is een voorstandster van de androgyne mens. Ze spreekt een groot aantal talen. Ze is niet gemakkelijk als het over jurk versus japon of pak versus kostuum gaat. Ze schrijft haar brieven met de hand. Ze vergeet vaak kopieën van haar computer files te maken. Als ze opbelt, zegt ze: 'Ik stoor toch niet?' Dat alles is niet veranderd sedert haar ziekte. Het enige verschil is dat ze zichzelf nog maar in heel kleine doses tegelijk aan de buitenwereld kan uitdelen. Na een half uur praten zie je haar wit wegtrekken. Ze redigeert aan haar keukentafel nog steeds mijn werk, ofschoon het doornemen van een roman nu zestien sessies kost in plaats van twee. Maar ze is niet minder streng en kritisch dan voorheen: levend in de laagst denkbare versnelling, is Caroline erin geslaagd de vrouw te blijven die ze altijd was. Het gaat mijn verstand te boven hoe ze dat voor elkaar heeft gekregen.

Toen mijn vriendin ziek werd, was er veel minder over ME bekend dan nu. Zij wist jarenlang niet wat haar mankeerde; ze voelde zich een slappeling omdat ze zich maar niet wist te vermannen en ze las diezelfde boodschap in alle ogen om zich heen. Ze was compleet euforisch toen ze in een Engelse krant eindelijk een artikel over ME las.

Sedertdien is er veel over onze ziekte geschreven: momenteel is er informatie genoeg voorhanden, al is de gemiddelde Nederlandse dokter daar blijkbaar niet van op de hoogte. De meeste literatuur is Brits of Amerikaans, en de auteurs zijn vaak artsen die zelf het slachtoffer van ME zijn geworden. Zij hebben het syndroom gedetailleerd in kaart gebracht, en ook het verloop ervan. De vooruitzichten zijn niet gunstig. Men blijkt slechts 50 % kans te hebben om na twee jaar spontaan te herstellen, 60 % kans om na vijf jaar eindelijk op te knappen en maar liefst 90 % kans om er tien jaar over te doen weer de oude te worden. Uit kiesheid wordt nergens expliciet vermeld dat er dus bovendien een kans van één op tien bestaat dat Caroline en ik op ons zestigste, zeventigste of tachtigste nog steeds lijdende zullen zijn.

Tevergeefs probeer ik me voor te stellen hoe het moet zijn om voor onbepaalde, eindeloze tijd ziek te blijven. Ik dacht altijd dat alles mettertijd gewoon overging, behalve homoseksualiteit. Maar dit gaat misschien nooit meer over. Dat geeft mij het ijle gevoel van vroeger, wanneer ik, als kind, 's nachts alleen in bed, dacht aan het eeuwige leven dat me na de dood wachtte. Wat zou ik al die tijd in de hemel moeten doen? Hadden ze er wel Lego? Ik vond een week al zo lang duren. De eeuwigheid leek me maar niks.

Overvallen door een ziekte die geen begrenzing heeft in

de tijd, kan ik mezelf niet troosten met de gedachte dat ik over zes weken, zes maanden of desnoods over zes jaar weer hersteld zal zijn. Ik kan er geen staat op maken of dit slechts een hoofdstuk uit mijn leven zal blijken te zijn, of dat dit voortaan mijn leven *is*. Het is zonneklaar dat er allerlei maatregelen genomen moeten worden, dat oude plannen in duigen gaan vallen, dat veel van wat ik altijd wilde, hoopte, droomde, niet langer haalbaar is. Maar de vraag is: over welke termijn hebben we het in 's hemelsnaam? Elke dag opnieuw overvalt me het paniekerige gevoel dat ik het roer waarschijnlijk structureel om zal moeten gooien, dat ik een nieuw bestaan moet creëren, al is het maar voor een maand, een half jaar, ik moet het mezelf gemakkelijk maken, ik moet ook realistisch zijn: ik moet me inrichten als invalide – alleen, waar haal ik de energie en de mentale veerkracht vandaan die daarvoor benodigd zijn? Ik durf geen beslissingen te nemen, ik kan niet meer op mezelf vertrouwen, ik kan niet langer rekenen op vaardigheden en mogelijkheden die ik vroeger bezat. Handelen, plannen maken, knopen doorhakken: het is allemaal op alle fronten onmogelijk geworden.

Onder zulke omstandigheden kan men zich misschien het beste snel toeleggen op levensvervullend origami, en verder maar afwachten wat er gebeurt. Maar wanneer men mij is, gaat dat niet. De hele dag bonst het door me heen dat ik thans voor onbestemde tijd ben opgesloten – en niet eens in een lift, waaruit ze je nog kunnen bevrijden, maar in mijn eigen lichaam. Ik zit in een gevang waar ik per definitie niet uit kan. Ik ben mijn eigen cel. Die gedachte volstaat om me 's nachts zwetend te doen wakker schieten uit sinistere dromen waarin ik levend ben ingekuild.

Jaren geleden maakte ik eens een reportage over een Vlaming die blijkens het *Guinness Book of Records* het wereldrecord grafliggen had gebroken. Deze Louis Luypaerts had daartoe een kippenhok gekocht en dat tot café verbouwd, waarna hij onder het voederhok een gat groef, groot genoeg voor een grafkist, met een buis verbonden aan de keuken. Nadat Luypaerts zich daarin had geïnstalleerd, werd de kist door een notaris verzegeld. De zegels werden pas honderdeneen dagen later weer verbroken, tijdens welke mevrouw Luypaerts in het café buitengewoon goede zaken deed.

Ik was dat verhaal allang vergeten, maar nu begint het me weer aan den kop te kloppen, zoals de Belgen zeggen. Ik herinner me dat de recordhouder tegen me zei: 'Je moet er natuurlijk wel voor zorgen dat je onder de grond niet gaat liggen denken. Je wordt gek als je je verstand niet kunt afzetten.'

Dat er nog eens een dag zou komen waarop ik me de woorden van de wereldkampioen grafliggen zo levendig zou herinneren. Maar mijn arme verstand laat zich zijn enige exercitie, malen en malen, niet ontnemen. Het stelt zich levendig voor dat ik aan het krimpen ben, aan het slinken ben, dat mijn benarde kluis kleiner en kleiner wordt, net zolang tot ik zal stikken in mijn eigen vlees. Ik wil eruit. Hoort iemand mij? Laat me eruit.

En buiten schijnt spottend de zon. De wereld draait nog steeds, op haar eigen plek in de Melkweg, in het heelal, in de kosmos. Door mijn hoofd spookt een grapje van een Schotse komiek: 'I have this door in my house. It's a very special door. Behind it I keep … the rest of the Universe. I have a special name for that door. Do you know what I call it? I call it my Front Door.'

Op een ochtend dat de fluitketel redelijk te tillen is, sjor ik mijn hoofd recht op mijn romp en verlaat voor het eerst sinds maanden het huis. Ik hoef alleen maar een verkeersweg over te steken en ik ben in het bos. Er staat een prettig briesje, de sloten zitten vol kikkerdril en het vingerhoedskruid bloeit al – ik heb de lelietjes-der-dalen gemist, en de eerste tjiftjaf, waarvan je hart altijd opspringt omdat zijn komst het begin van het voorjaar inluidt. Ik kan me niet heugen dat ik ooit de tjiftjaf heb overgeslagen. Ik ben zo iemand die graag met een verrekijker in het riet ligt.

In een van de weilanden, zie ik op de terugweg, blijkt een nieuwe sporthal gebouwd te zijn, waar uitslovers kunnen squashen. Je kunt niet eens eventjes uit de roulatie zijn of ze verpesten achter je rug de mooie landelijke omgeving. Een joggend paar schiet langs me over het smalle pad, ritmisch stampend met blote benen. Kinderen in felgekleurde jacks fietsen me joelend voorbij. Ineens schaam ik me dat ik zo stuntelig loop.

Bezweet en buiten adem kom ik, een kwartier nadat ik ben vertrokken, weer thuis van mijn reis om de wereld. Met een omineuze dreun valt de voordeur achter me in het slot.

DERDE BEDRIJF

Een van mijn vriendinnen beklaagt zich over haar man. Hij drinkt te veel, hij gaat nooit vóór drie uur 's nachts naar bed, hij rookt zich te pletter – en dat alles terwijl hij vijftien jaar ouder is dan zij, en dus weleens wat meer op zijn gezondheid zou mogen letten in plaats van er als een jonge hond op los te leven. Ze vertelt me al haar ergernissen in één lange monoloog.

Mijn ziekte creëert vaak een wonderlijk soort intimiteit. Het licht in mijn kamer is gedempt, de gordijnen zijn gesloten, de buitenwereld lijkt ver weg. De ideale situatie voor confidenties. Wat de mensen mij allemaal toevertrouwen verbijstert me soms. Ik kan hun geheimen toch niet doorvertellen, redeneren ze misschien. En ik zal niet midden onder hun verhalen met een smoesje opstaan en de kamer verlaten. Eindelijk hebben ze een weerloos luisterend oor.

'Hij denkt zeker dat ik hem liefdevol zal verplegen en verzorgen als hij ziek wordt,' roept mijn vriendin verontwaardigd uit. 'Nou, mij niet gezien. Hij heeft het aan zichzelf te danken als hij iets krijgt. Ik ga mijn leven echt niet in het honderd laten gooien door een zieke.'

Wanneer mijn vader vroeger over de oorlog vertelde, verbaasde ik me er als kind soms over dat het dagelijks leven in bezet Nederland blijkbaar maar doorging, alsof er niets aan de hand was: kinderen moesten gewoon naar school, de vaders gingen naar hun werk en de moeders stonden onverminderd aan de tobbe. Verjaardagen kwamen en gingen, mensen verhuisden, er werd naar muziek geluisterd, getrouwd, gekibbeld en gelachen.

Nu ik zelf onder de bezettende macht van een chronische ziekte verkeer, moet ik tot mijn verbazing constateren dat het mij al niet anders vergaat. Kramp hier, lens daar, maar ondertussen gewoon naar de tandarts voor de halfjaarlijkse gebitscontrole. Koortsen zus, kotsen zo, maar wel opnieuw verliefd worden. Dubbel zicht, omvallen, inkomstenbelasting betalen. Hangen en wurgen en gewoon doorgaan. De menselijke natuur, of althans de mijne, verdraagt blijkbaar geen langdurige stilstand. Voortmodderen is het motto, in beweging blijven.

Gelukkig blijk ik nu het ideale beroep te hebben voor iemand in mijn omstandigheden. De meeste mensen raken door een onafzienbaar ziekbed hun werk kwijt, en daarmee een belangrijk deel van hun mogelijkheden tot zelfrealisatie. Mij hoeft dat niet te gebeuren. Mijn leven kent een factor die nog altijd groter, belangrijker en veeleisender is dan mijn kwaal: het boek dat afgemaakt wil worden. Als aan een reddingsboei klamp ik me eraan vast.

Al schrijf ik maar twee regels per dag – zolang ik maar schrijf. Want op die manier kan ik nog een beetje geloven dat je door het teloorgaan van je gezondheid niet zomaar opeens een ander mens wordt. Je slaat misschien wat vaker naast de toetsen of fomuleert je zinnen niet dan met grote moeite, maar verder heb je heus nog gewoon je oude vertrouwde meningen, passies en ergernissen die gezamenlijk je eigen, onvervreemdbare werkkapitaal vormen.

Oh, op een ochtend te moeten ontwaken en niet meer te weten hoe je over de wereld dacht! Ik geloof dat dat tegenwoordig, met mijn gare hersens, mijn grootste angst is. Niet meer voor iets staan, nergens meer in geloven, niemand met een hooivork te lijf willen: bestaan op het niveau van een ui. Snel bezweer ik dit schrikbeeld door overeind te komen en de computer aan te zetten. Personages zullen uit mijn naam handelen, voor mij spreken, zichtbaar maken dat ik nog steeds weet hoe ik over de wereld denk.

Voor schrijven is geen enkele fysieke kracht benodigd en al evenmin, zo merk ik reeds snel, een messcherp werkend brein. Dat laatste lijkt wellicht vreemd, maar is de verbeelding het verstand niet altijd ver vooruit? Misschien is de dommelige staat waarin ik tegenwoordig verkeer, in combinatie met het wegvallen van andere bezigheden die beslag leggen op de geest, zelfs wel de natuurlijke habitat van de auteur. In ledigheid worden tenslotte de beste gedachten geboren. Terwijl ik ogenschijnlijk verpieterd voor me uitdut, marineert er ondertussen in alle rust een roman in mijn achterhoofd. Het is gewoon een kwestie van elke dag de momenten afwachten waarop ik tot iets in staat ben, en die dan razendsnel uitbuiten door achter mijn bureau te gaan zitten. Ik koop een betere bureaustoel en een grotere monitor voor mijn computer. Sluwer nog: ik koop er een computer bij, voor beneden, voor de dagen waarop ik na het ontbijt opzie tegen de trap naar mijn werkkamer.

Mijn uitgever verstrekt me geduldig voorschot na voorschot, niet alleen om deze onverwachte uitgaven te financieren, maar ook om te voorzien in mijn levensonderhoud: ik heb geen werkgever en kan dus geen aanspraak maken op een uitkering krachtens de ziektewet. Die voorschotten geven me nog meer reden om verbeten door te werken aan mijn boek. En anders doet een plotselinge lekkage aan mijn dakgoten dat wel. Ik zal inkomsten moeten zien te genereren.

Een belangrijk deel van mijn inkomen is altijd uit nevenarbeid afkomstig geweest: journalistiek werk, optredens, adviseurschappen. Ik zal mezelf stevig in de kraag moeten pakken en een deel van die werkzaamheden dienen te hervatten, anders zijn de gevolgen straks niet meer te overzien. Een paar maanden op apegapen liggen, nu ja, dat kan de beste overkomen. Maar we kunnen hier geen gewoonte van maken.

Uit angst voor de bedelstaf weet ik mezelf de grootst mogelijke nonsens te verkopen. Autorijden durf ik bijna niet meer, maar er is ook nog zoiets als de trein, en in de trein kan men uren *rusten*. Hoe verder men reist, hoe uitgeruster men zal aankomen, dat is logisch. En ter plekke doe ik die lezing voor die literaire salon of dat vrouwenhuis gewoon op mijn routine, daar hoef ik geen energie aan te spenderen, en trouwens, ik heb ook de hele terugreis nog, om dubbel verfrist weer thuis te komen.

Staan lukt me niet meer zo goed, maar op de meeste vergaderingen van mijn besturen en comités zijn gelukkig stoelen beschikbaar, vaak zelfs ergonomisch verantwoorde, zodat het rendement aan rust zich al vergaderend als het ware vermenigvuldigt – en wat er zoal besproken is, leest men later wel in de notulen.

Mijn verticale uren zijn beperkt, maar liggend kan men ook een hoop doen, waardoor men al werkende in feite louter rust, en verkwikter raakt naarmate men langer ligt te zwoegen.

Als je het allemaal een beetje handig aanpakt, is er welbeschouwd geen enkele reden om je leven niet gewoon op de oude voet te vervolgen.

Gek alleen dat ik zieker en zieker word.

Het duurt even voordat ik in de gaten heb dat ik diep in mijn hart niet uit financiële noodzaak doorploeter, hoe reëel de nood ook is; niet uit angst voor zelfverlies, hoe groot die angst ook is; niet uit de behoefte in zaaltjes te zitten kwaken, hoe monumentaal mijn ijdelheid ook is.

De ware reden waarom ik tegen de keer in doorga is een heel andere. In werkelijkheid ben ik alleen maar bezig de schijn op te houden, omdat ik me zo schaam.

Ziek worden betekent dat je op de een of andere wijze de wetten van de zorg voor jezelf hebt veronachtzaamd. Het naleven van die wetten is tegenwoordig je burgerplicht: waar Nederland vroeger over de gehele lengte en breedte *gezellig* was, is het nu even dwingend en onverwoestbaar *gezond*. Men eet gezond, men jogt en traint totdat men een ons weegt, men denkt positief. Tegen deze achtergrond wordt ziek zijn een overtreding – of op z'n minst ben je als zieke een mislukkeling.

Vroeger dacht ik dat alleen geluk zelfgenoegzaam maakte. Mensen wie het een tijdje voor de wind gaat, kunnen zo'n licht verwaten trekje om de mond krijgen, alsof ze eigenlijk vinden dat hun fortuinlijke omstandigheden hun eigen verdienste zijn, of dat die hun minstens dubbel en dwars toekomen. Voor gezondheid, zo ontdek ik, geldt ongeveer hetzelfde: gezondheid is tegenwoordig een fysieke en psychologische prestatie. Gezondheid is een kwestie van persoonlijke merites geworden, en daarmee is ziekte dus je eigen verantwoordelijkheid, of met andere woorden: je eigen schuld.

Die verantwoordelijkheid houdt niet op bij het volgen van een gezonde levenswandel. Zoals Karin Spaink aantoont in *Het strafbare lichaam*, is er geleidelijk een heel volksgeloof ontstaan dat predikt dat je vanzelf in vorm blijft door er maar de juiste mentale patronen en een evenwichtige emotionele huishouding op na te houden. Je eigen inzet zal je gezond houden, je karakterfouten en negatieve gedachten maken je ziek. De aanhangers van deze visie bedienen zich van krachtige, tot de verbeelding sprekende metaforen: van het koesteren van oude rancunes krijg je kanker, wie niet genoeg huilt loopt een maagzweer op, schijnheiligheid leidt tot ischias, geestelijke onbuigzaamheid tot multiple sclerose, onverwerkte gevoelens over het verleden tot aambeien, bekrompenheid tot aderverkalking, en kwaadheid aan de basis van het bestaan tot wratten aan de voetzool. Zelfs een keelontsteking krijg je tegenwoordig alleen nog maar omdat het je TOT HIER zit.

Ziekte en pijn zijn blijkbaar niet te accepteren als toevallig en willekeurig. Voorheen was in tal van beproevingen de hand van God zichtbaar en was lijden dus zinvol: men leed om voor zijn zonden te boeten, of vanwege een speciale uitverkorenheid. Bij toenemende ontstentenis van een geloof waarin levensrampen een betekenisvolle en daardoor vitale rol kregen toebedeeld, doen we tegenwoordig aan zingeving van eigen makelij. We hebben ziekte een nieuw groot en machtig doel gegeven, namelijk zelfverbetering. Ziekte is een teken geworden, een signaal dat psychische onvolkomenheden verraadt. Werk aan jezelf en je zult genezen.

Neem mij nou. Ik ben in het suspecte bezit van een kwaal waarvan de oorzaken onbekend zijn: ik kan zelf een van die oorzaken zijn geweest, ik kan, zolang het tegendeel niet is bewezen, een aandeel in mijn eigen ondergang hebben gehad. Ik geloof beslist in een samenhang tussen lichaam en geest. Niet voor niets heb ik enige tijd gedacht dat mijn gebroken hart al mijn pijnlijke symptomen produceerde. Zo kan ik er nu ook niet omheen me af te vragen welke geestelijke kreukel er ten grondslag ligt aan mijn ziekte. Dat ik ME als een somatisch verschijnsel beschouw doet daar niets aan af: kanker is immers ook echt, en ischias en aambeien zijn dat eveneens. De echtheid van al die kwalen staat voor de holisten niet ter discussie, wel de vraag door welke fout je ze hebt gekregen.

Dus probeer ik vast te stellen van welke psychische onvolkomenheid ME de fysieke uiting zou kunnen zijn. Waarvan ben ik in 's hemelsnaam de wandelende metafoor? ME-symptomen zijn te divers voor een enkel psychisch storinkje. Ik moet onderhuids welhaast een complete waanzinnige zijn. Wat zou ik graag in de schoenen staan van iemand met wratten aan de zool, die alleen maar wat oude woede hoeft op te ruimen om weer een voettocht door de Vogezen te kunnen maken. Bij mij is er gewoon geen beginnen aan.

Maar al weet ik zelf niet wat mijn verwarrende ziekte symboliseert, anderen weten dat gelukkig wel. Het feit dat er geen arts in zicht is die iets verstandigs over ME te zeggen heeft, wordt nu ruimschoots gecompenseerd doordat de rest van de wereld er volop opinies over heeft. 'Sommigen noemen het ME,' zegt iemand bijvoorbeeld schouderophalend tegen me, 'maar ik persoonlijk noem het een geblokkeerd hart-chakra.'

Pas na dagen tobben over de vraag of ik misschien zonder het zelf te weten bol sta van de uhm, ahh, *emotionele problemen*, valt me in dat zelfs de bezitters van de meest verstopte harten die ik ken, toch meestal niet aan ME lijden – integendeel, zij maken een patente indruk, en dat geeft pas echt te denken. Alleen verandert dat niets aan het feit dat *ik* mijn kostbare gezondheid op de een of andere manier heb verspeeld, en dat ik bovendien te dom of te hardleers ben om te bevatten welke levensles er in deze situatie verborgen zit. Ik kom er niet uit, al formuleer ik meer zelfkritiek dan menige Chinese intellectueel ten tijde van de Culturele Revolutie. Het enige rendement van mijn inspanningen is dat mijn schaamte toeneemt. Mijn hele toestand moet het resultaat zijn van een of andere wandaad, maar ik weet niet eens van welke.

Als David opbelt om te vragen wanneer ik weer eens naar Glencoe kom, barst ik in tranen uit. 'I'm such a failure,' snotter ik, en dan schaam ik me nog eens extra over mijn zelfbeklag.

En ik schaam me omdat ik zwak ben. Dat is geen positie met veel allure in een wereld waarin alleen sterken voor vol worden aangezien. Of misschien schaam ik me wel omdat ik, toen ik zelf nog tot de sterken behoorde, soms ook ietwat smalend neerkeek op de zwakken. Ik schaam me omdat ik toen zo gemakkelijk oordeelde, terwijl ik nu zelf even bouwvallig blijk te zijn: een reuzin op lemen voeten, een poppetje van kraakporselein.

En ik schaam me omdat ik voor elk wissewasje hulp nodig heb. Men moet mij halen, men moet mij brengen. Ik kan nog geen kapotte lamp vervangen, laat staan dat ik een fles wijn open krijg. Ik lijk wel een vrouw, zo een uit de moppen.

De scharnieren van de balkondeuren knarsen en kreunen, en ik kreun mee: nu moet er weer ergens kruipolie vandaan komen! Wie kan ik daar nu weer eens om vragen? Wie heeft er van de week nog geen boodschappen voor me gehaald? De buurvrouw? Nee, die is gisteren nog voor me door de regen naar de apotheek gefietst. Mijn behulpzame nieuwe minnaar? (Even verliest de kruipolie zijn urgentie. Ik glimlach beaat voor me uit. Hoe aangenaam. Hoe gezellig. Ik heb een behulpzame nieuwe minnaar. Hoe heb ik dat toch voor elkaar gekregen? Ik verman me, ik heb immers een probleem op te lossen. En behulpzaam en nieuw zijn in dit verband trouwens equivalenten. Dat is in mijn omstandigheden mooi meegenomen, maar een minnaar blijft behulpzaam noch minnaar als men hem dagelijks om kruipolie stuurt. Zo is het leven. Trouwens, van de week heeft hij al een kuub zevenblad uit mijn tuin gewied. Ik zit vermoedelijk al midden in de gevarenzone.)

Mijn poezen miauwen ondertussen om hun eten. Waren het maar sint-bernhardspoezen, met een tonnetje kruipolie om hun nek. Waar blijven de buurkinderen trouwens, die bij toerbeurt de blikken Kitekat voor ze komen opendraaien?

Ik durf het amper toe te geven, maar mijn gekoesterde zelfstandigheid begint me tot een haast ondraaglijke last te worden. Het onafhankelijke leven dat ik altijd heb nagestreefd, is niet langer haalbaar. Het is net alsof het daarmee met terugwerkende kracht in z'n geheel waardeloos is geworden. 'Zij altijd met haar praatjes, nou, je ziet wat daarvan komt!'

Ik zou in stilte een arm of been geven voor een element in huis dat me altijd volstrekt overbodig heeft geleken: een huisgenoot. Niet alleen vanwege de praktische hulp, maar ook, erger nog, omdat het me niet meer lukt het bestaan nog van wat fleur te voorzien. Ik wil iemand om me heen die me gezelligheid aanlevert, iemand om tegenaan te zeuren, iemand die er helemaal alleen voor mij is, en die tussendoor kruipolie haalt, iemand die me in alle opzichten het heft uit handen neemt.

Grote genade! Bestaat er niet allang een woord voor zo iemand?

Maar gelukkig valt de menssoort man bij nader inzien in z'n geheel af: ik heb natuurlijk niets aan iemand die voor elk attent gebaar een medaille verwacht en aan wiens oninteressante verhalen ik de hele tijd aandacht moet besteden. Een soort moeder zou misschien nog wel het prettigste zijn. Een wezen dat erin is getraind om miskend te zijn, veronachtzaamd te worden en geheel voor anderen te leven. Alleen heb ik zelf jarenlang onvermoeibaar mijn steentje bijgedragen aan de uitroeiing van deze nuttige schepselen. Ik krijg mijn trekken lelijk thuis.

En ik schaam me voor mijn gestuntel. Ik val van de trap, ik struikel over drempels, ik zet mijn kopje naast het tafelblad, vooral daar waar het tapijt net is gereinigd. Mijn aanblik moet anderen naast alle overlast en schrik, ook een ongemakkelijk gevoel bezorgen. Fysiek onvermogen is niet zo bekoorlijk. Het heeft iets verontrustends. Het drijft immers de spot met de populaire twintigste-eeuwse mythe dat de westerse mens niet meer gebukt hoeft te gaan onder lichamelijke plagen en hoofdzakelijk op aarde is om het naar haar zin te hebben.

Wellicht keek men in onze cultuur ten tijde van Karel de Grote nog niet op een bochel of op een paar karbonkels meer of minder, maar met het toenemen van de mogelijkheden om heelhuids oud te worden, zijn ziekte en lichaamsgebrek in de wereld van Peter Stuyvesant zulke wezensvreemde elementen geworden, dat de confrontatie ermee steeds onprettiger is. Wie iets mankeert, moet maar vlug naar een of ander tehuis ergens diep in het groen, ver uit het gezicht. Dat geeft de minste aanstoot. Mijn moeder rebelleerde toen ze een keer met een dubbelgebroken been moest revalideren in zo'n oord. 'Daar kom ik tussen allemaal van die zielepoten,' huilde zij, 'en daar kan ik vast niet tegen.' Weerzin tegen zieke mensen komt in de beste families voor. Wie zegt me dat niet iedereen heimelijk van me griezelt? Maar misschien schaam ik me wel vooral omdat ik zelf ook zo'n cultureel produkt ben en moreel gesproken vies van mezelf ben sedert ik in deze staat van dweil verkeer. En dan schaam ik me nog maar eens extra omdat ik die walging blindelings projecteer op anderen, wellicht veel nobeler van inborst dan ik.

En ik schaam me omdat ik zo weinig meer te bieden heb. Mijn belevenissen, beslissingen of dilemma's zijn niet langer het uitwisselen waard (vandaag de post en morgen de kattebak, of andersom?). Ook op het spirituele vlak valt er nog niets te merken van de enorme zielsverdieping die een ziekbed in de mens teweeg zou brengen. Men beweert wel dat lijden loutert en tot nieuwe inzichten voert, maar volgens mij word je er alleen maar een zeikerd van. Wie uit tegenslag nog iets goeds weet te destilleren, had waarschijnlijk om te beginnen van zichzelf al een uitzonderlijk mooi karakter. Vaak denk ik aan een grimmige regel van Adwaita: 'Neen, smart veredelt niemand: smart verhardt.'

Het is moeilijk te geloven dat ik nog goed gezelschap ben voor mijn vriendinnen. Zij brengen de wereld bij me binnen, maar wat geef ik hun in ruil daarvoor terug? Zelfs als ik denk aan eerdere dalen die we met elkaar hebben meegemaakt, aan de diverse levensrampen die we wederzijds hebben moeten uitzitten, aan alle misverstanden en irritaties, aan het hele weefsel van onze gezamenlijke historie, dan nog komt het mij voor dat geen van ons de ander ooit zo tot ballast is geweest als ik nu hun.

Of misschien schaam ik me wel omdat een akelig groen wezen met een vuile grijns op zijn tronie telkens een drietand in mijn ziel boort als ik mijn vriendinnen onbekommerd zie ronddraven, als ik ze hoor vertellen over een museumbezoek, een opera, of gewoon over hun dag: vandaag weer opgewekt een tijdschrift bestuurd, spraakmakend onderzoek gedaan, kinderen worteltjes leren planten, mensen in nood bijgestaan – en straks gauw de koffer inpakken voor een congresje overzee. Al dat gesprankel van ze.

Knarsetandend probeer ik mijn afgunst in bedwang te houden en mee te leven met hun verhalen. De rol van luisteraar is de enige die nog voor me is weggelegd. En zelfs die speel ik belabberd. Als ik tien minuten naar iemand heb geluisterd, verliezen woorden hun betekenis en kan ik andermans gedachtengang niet meer volgen. Mededelingen dalen als hagelbuien op me neer, ik zeg in het wilde weg *ach*, ik zeg lukraak *jee*, ik zeg op goed geluk *nee maar* – wat praat iedereen toch luid en wat gesticuleert men erbij – terwijl vlak onder de oppervlakte van mijn bewustzijn de juiste antwoorden en opmerkingen drijven zonder dat ik die kan opvissen. Ik zeg *ach*, ik zeg *jee*, ik zeg *nee maar*, terwijl ik wanhopig mijn schepnet uitgooi en niets anders ophaal dan *Piet Hein, Piet Hein, Piet Hein zijn naam is klein.*

En ik schaam me ervoor dat ik elke keer weer zo onnozel, zo naïef, zo goedgelovig ben om te menen dat ik de vijand langzamerhand te slim af word. Van de ene dag op de andere, soms zelfs van het ene uur op het andere, kan mijn hoofd ineens helder worden en weegt een woordenboek geen tweehonderd pond meer. De krantekoppen staan onbeweeglijk op het papier, volmaakte zinnen vol komma's en dubbele punten rollen uit mijn mond en de zojuist genuttigde boterham maakt geen aanstalten me weer met spoed te verlaten. En elke keer trap ik erin. Elke keer is mijn eerste gedachte: ik ben aan het opknappen. En onmiddellijk werken talloze plannen en aspiraties zich met hun ellebogen naar voren. Ik zal dit, ik zal dat. Maar eerst mag ik een nieuwe blouse gaan kopen, om mezelf te belonen.

Er zijn nog een paar ongedekte cheques in huis, de lang niet gebruikte auto start moeiteloos en ik vind een parkeerplaats pal voor de deur van de winkel waar ik nou net heen wilde. Binnen hangen vrolijk gekleurde overhemden, precies zoals ik in gedachten had. Ik strek mijn hand ernaar uit – en mijn zicht versplintert, mijn schedel verandert in een bonzend membraan dat elk moment kan openbarsten. Onpasselijk laat ik me neer in een stoel. Mijn hart bonst van schrik, van woede, van teleurstelling, van pure frustratie. Ik had het kunnen weten.

Een verkoper (ga toch weg man) komt me vragen of hij me van dienst kan zijn. Doet u mij maar een ambulance. Pardon, mevrouw? 'Een blouse,' breng ik uit, omdat ik niet zou weten hoe ik zou moeten opstaan om de winkel te verlaten.

Verheugd snelt de man naar het rek en komt terug met een arm vol blouses die hij me één voor één laat zien door ze met gespreide mouwen op borsthoogte te heffen. Boven de gebloemde en geruite kragen kijkt hij me uitnodigend aan. Nu zit ik in het schip: ik zal iets moeten passen. Op benen van gelatine sjouw ik door een grote vlakte drijfzand naar de paskamer. Werktuiglijk hef ik een hand om mijn vest los te knopen, en laat hem weer zakken. Ik wil dat iemand me helpt. Ik krijg mijn eigen kleren niet meer uit.

Maar vooral schaam ik me misschien omdat ik mijn lot

geenszins lankmoedig weet te dragen. Ik heb toch allebei mijn benen nog? Ik zit toch niet in een rolstoel? Ik ben toch niet blind? Ik lig toch niet in coma? Ik heb geen demente ouder, geen gehandicapt kind. Ik hoef mijn Pitbull-terriër niet te laten afmaken. Mijn buren terroriseren me niet. Mijn huis is niet afgebrand. Ik lijd geen honger. Ik word niet vervolgd. Ik zit niet met een bedelnap in mijn lepreuze hand op een stoep in Calcutta. Ik hoef niet eens uit naaien voor de kost. Ik heb veel, zoals dat heet, om dankbaar voor te zijn. Die ene armzalige tegenslag die me heeft getroffen zou ik toch waardig het hoofd kunnen bieden?

Wat val ik door de mand. Als ik durfde, zou ik de hele dag luidkeels weeklagen, en als ik kon, treurend op omfloerste pauken slaan. Ik heb zo'n heimwee naar degene die ik vroeger was.

Die van nu, dat ben ik niet, daar heb ik niets mee te maken. Zij heeft zich toegang verschaft tot mijn lichaam en mijn zinnen, maar ze hoort er niet thuis. Ik moet haar uitroken. Er loopt hier een insluipster rond, een bedriegster, die zich voor mij uitgeeft! Waar heeft zij mij toch verstopt? Waar houdt ze me verborgen? Ik ben er nog, ergens, en eens zal ik haar krijgen, en dan eigen ik me weer toe wat mij rechtmatig toebehoort.

Er zijn van die momenten waarop ik vrees dat ik een tikkeltje geschift aan het worden ben.

Zo ontdek ik dat schaamte tot onwaarachtigheid leidt, net zoals kwaad tot erger voert. Als ik proefondervindelijk begin vast te stellen dat doorhollen eenvoudig niet gaat, dan bedenk ik een nieuwe methode om niet te hoeven laten blijken dat ik ziek ben. Al kan ik mezelf niet langer wijsmaken dat mijn leven gewoon te vervolgen is, tegen anderen kan ik daarentegen best volhouden dat er niets aan de hand is. Van liegen ga je naar de hel, dat is waar, maar het lijkt me bepaald niet nodig om elke passant aan de neus te hangen hoe erg het met me gesteld is. Buiten mijn directe kring hoeft niemand dat te weten.

Hoe het met me gaat? Ach, best goed eigenlijk. Wat naweeën van een hersenschuddinkje, dat is alles.

Minachting, leedvermaak, betutteling, opsluiting – ik voorkom ze alle in één klap met deze tactiek. Voor elk beroep dat er op me wordt gedaan, verzin ik een geloofwaardige uitvlucht. Sorry, zo druk op het moment! Nee, woensdag ben ik al bezet! Ach heden, afspraak glad vergeten! Is uitgerekend nu mijn computer stuk! Net op de kinderbijbel gezworen geen nieuwe spreekbeurten meer aan te nemen! Zelfs tegen de jongens van de boodschappendienst, die mijn levensmiddelen thuisbezorgen, zeg ik automatisch: 'Alleen maar een beetje spit, hoor, volgende week is het wel weer beter.'

Wat meehelpt om mijn omstandigheden verborgen te houden, is het feit dat ME een onzichtbare aandoening is. Zet mij in een paar goedgepoetste pumps, en ik zie eruit als ieder ander. En het is niet zo'n kunst om je, als de situatie daar om vraagt, een uurtje op te pompen, je te forceren, je groot te houden, mooi weer te spelen. Niemand weet dat ik dat later bekoop met dagen of weken bedrust. Niemand hoeft er ook maar iets van te weten. Zelfs mijn vriendinnen beseffen niet wat een echte ME-aanval is: op zulke momenten verdwijn ik onder de dekens en neem ik de telefoon niet op en laat ik niemand binnen. Dit is in elk geval een voordeel van alleen leven: er hoeft geen tweede te zijn die weet hoe het met me zit.

Met al deze gluipmethodes, smoesjes en verzinsels red ik het lange tijd – om precies te zijn: op een dag vertel ik mijn eerste leugen, en als ik mijn laatste vertel, is het ruim een jaar later. De tijd vliegt om als je je amuseert.

Totdat een onverwachte zonnestraal het duister opeens doorklieft. Mijn nieuwe minnaar botst tegen een Amsterdammertje op – wat hou ik toch veel van hem – en breekt zijn knie, lelijke breuk, dat wordt maanden gips, en dan nog eens maanden strompelen, zó sneu.

Weet je wat wij eens moesten doen, mijn arme schat en ik? Een paar dagen naar Schiermonnikoog! 'Frisse lucht, de rust van het wad, en 's avonds een ontspannen borreltje bij Van der Werff,' zeg ik. 'Je zult zien hoe je daar van opknapt.'

Opgetogen zit ik naast het gipsbeen op de veerboot. Eindelijk iemand die ik kan bijhouden. Voorlopig hoef ik geen angst te hebben om spelbreekster te zijn, om altijd maar roet in het eten te gooien door in te storten: dit wordt gezellig zitten, met het been op een krukje. Braaf been.

Het weer is mooi, in de reistas bevindt zich een fles whisky, en de hotelkamer die voor ons in gereedheid is gebracht, blijkt een hemelbed en een bubbelbad te bevatten. Kijk, dat is tegenwoordig nou precies mijn idee van geluk: dat je met je zere donder in een warm bad zit terwijl er op spuugafstand iemand met een gebroken been in een hemelbed op je ligt te wachten. In grote harmonie brengen we de eerste avond door.

De volgende ochtend verschijn ik aan het ontbijt met een hoofd vol vredige, beschutte terrasjes. Ook mijn minnaar is in een opperbest humeur: Schier is nieuw voor hem: hij wil het eiland gaan verkennen.

'O,' zeg ik verbouwereerd.

'Op de fiets,' zegt hij. Zijn krukken rinkelen.

'Maar dat gaat niet met je knie,' zeg ik met een blik op het dierbare gips dat geacht wordt mij te beschermen.

Nee, maar hij dacht aan een tandem die we ter accommodatie van het stijve been gewoon aan één kant van een trapper ontdoen. En als ik er nou voor zorg dat de wielen blijven draaien, dan zal hij telkens een loei tegen zijn enkele trapper geven om ons in beweging te houden, en van mij wordt er verder alleen maar verwacht dat ik een beetje stuur.

'Daar begin ik niet aan,' zeg ik.

'Maar ik zit bij je achterop!' roept hij uit.

'Daarom juist,' zeg ik: hij is zonder been al zo groot en zwaar en er zijn hier duintjes van wel tien meter hoog en ik heb geen greintje kracht in mijn handen en zal nooit kunnen remmen voor overstekende konijnen, en vallen is één ding, maar vallen met iemand met reeds een breuk erin is weer een ander verhaal en ik vind mensen op tandems trouwens bespottelijk. Deze laatste overweging deel ik mijn minnaar op schelle, radeloze toon mede. Daarna gaan we een tandem huren.

Waar wij op- of afstappen staan mensen stil. Kan ie? Nee, ja, nee, ja NU! We zijn net van die mottige circusberen die log een kunststukje uitvoeren. Traag zwalken we in wankel evenwicht over de fietspaden van het eiland. Schelpengruis knerpt onder de banden, kostelijke kwelders en duinen ontrollen zich, de vlier bloeit, tussen de rietpluimen ritselt het van de fazanten, en in mijn gedachten knalt een zweep. Bij de Berkenplas kun je zitten, en op het terras van het Strandhotel eveneens, maar wij gaan vanzelfsprekend naar 't Slij en dan terug door de Kobbeduinen, want men breekt zijn knie en moet zich thuis in een rollende bureaustoel van bank naar bed verplaatsen, maar even twaalf kilometer fietsen kan natuurlijk altijd.

Pas op de derde dag, als we tegen de wind in over een zandpad zonder einde ploeteren, overwin ik mijn schaamte en breng ik het afschuwelijke rijwiel hortend tot stilstand. 'Maarten?' zeg ik. Er drijven imposante stapelwolken voorbij in de vorm van even zovele uitnodigende hemelbedden. Ik adem diep in. 'Ik kan dit niet.'

'Dan houden we er toch mee op, meisje,' zegt Maarten.

's Nachts in het hemelbed droom ik dat ik een revolutionaire techniek heb ontwikkeld om vastgeroeste hersenen te luchten. Voor het krijgen van nieuwe inzichten is niets anders nodig dan dat men het brein op een winderige dag dwars door de fontanel wipt, het binnenstebuiten keert en het dan even goed uit laat waaien. In mijn droom heet dit procédé kortweg Bovenste Buiten; op een smaakvol instituut geef ik er cursussen in, waarvoor menige regeringsleider zijn hersens gretig inschrijft.

Nu mijn eigen hersenen de woorden 'Ik kan dit niet' hebben geproduceerd en de wereld verbazend genoeg niet blijkt te zijn vergaan, nu weet ik al meteen niet meer waarvoor ik me zó lang zó diep heb geschaamd. Was dit op de keper beschouwd alles: kon ik alleen maar geen bekentenis van onvermogen over mijn lippen krijgen?

Mijn schaamte lijkt bij nader inzien verdacht veel op hoogmoed komt voor de val. Maar misschien vloeit deze ogenschijnlijk zo nederige emotie wel altijd en bij iedereen hoofdzakelijk voort uit een opgeblazen ego – net zoals de zuster ervan, het schuldgevoel, doorgaans eveneens vooral wordt veroorzaakt door almachtsfantasieën. Al die zelf-overschatting doet ons voor straf gelukkig vaak lijden, want uiteraard zijn we niet per definitie zelf de veroorzaker van wat ons overkomt, noch kunnen we dramatische gebeurtenissen altijd eigenhandig voorkomen.

Dat is, goed bekeken wel beschouwd, ook het probleem van de holistische opvattingen over ziekte en gezondheid. Hoezo, zelf honderd procent verantwoordelijk voor je fysieke staat? Hoezo, uitgebalanceerde gedachten die je fit houden? Is de geest nu heus zo oppermachtig dat hij soevereine lichaamsfuncties en autonome chemische processen zomaar kan bevorderen of verstoren? Is positief denken, negatief denken, zijn mentale patronen, is de hele psychische huishouding, werkelijk a priori sterker dan de ingewikkelde machinerie van het lichaam, die erop is gericht om onder alle omstandigheden door te gaan met overleven? Is er ook maar de geringste reden om het lichaam met al z'n krachten en wetmatigheden ondergeschikt te maken aan het primaat van de geest?

Alleen de moderne mens met zijn megalomane behoefte overal greep op te hebben, kan zoiets verzinnen. Die wil bloedstolsels of wildgroei van cellen niet meer domweg opvatten als fenomenen net zo natuurlijk als de regen. Die moet controle uitoefenen.

Het is in dit verband trouwens betekenisvol dat het lichaam altijd is geassocieerd met 'het vrouwelijke', met bloeden en baren, terwijl de geest staat voor het mannelijke principe, voor ordening en beheersing. Omdat we leven in een op geslachtelijke basis volstrekt geëxtrapoleerde wereld, waarin man baas is en vrouw bediende, uitsluitend daarom wordt het lichaam geacht onderworpen te zijn aan de luimen van een almachtige geest.

Nu, dat ruimt op, en het kan heel goed nog waar zijn ook. Wie gelooft in het verband tussen onze stoffelijke en onstoffelijke helften, zo merkt ook Karin Spaink op in haar boek, zou toch op z'n minst moeten uitgaan van *wederzijdse* beïnvloeding (zoals gebeurt in de psychoneuro-immunologie, een opwindende, jonge wetenschap), en niet alleen van het dwingende dictaat van een van die twee. Het is tevens sterk de vraag of de starre metaforen van de holisten wel recht doen aan de complexiteit van de menselijke configuratie: tal van mensen krijgen een maagzweer in plaats van een keelontsteking als het hun tot HIER zit.

En bovendien schiet je er geen steek mee op om het zieke lichaam te beschouwen als een arena waarin psychische onvolkomenheden worden uitgevochten. Zoals Susan Sontag in *Illness as Metaphor* schrijft: 'Ziekte is helemaal geen metafoor.' Zij stelt dat de gezondste manier om over ziekte te denken juist verschoond is van metaforen. Als beroemd voorbeeld haalt ze aan dat tuberculose lange tijd is beschouwd als een specifieke aandoening van personen met een gevoelig, artistiek temperament, maar dat die ziekte zijn symbolische lading meteen verloor op het moment dat de tuberkelbacil werd ontdekt. Toen bekend was dat t.b. gewoon een bacteriële infectie was, werd het karakter van de patiënt verder op slag buiten beschouwing gelaten. En nog belangrijker: pas nadat Robert Koch de tuberkelbacil in het bloedbeeld had geïdentificeerd, werd het mogelijk een afdoende geneeswijze voor t.b. te ontwikkelen.

Het heeft iets uitgesproken primitiefs, zoals de holisten de zaak honderdtachtig graden hebben omgedraaid door elk somatisch verschijnsel een psychische oorzaak toe te dichten. Ze doen me denken aan de onuitroeibare horzelkoppen die nog altijd vinden dat de slachtoffers van verkrachting 'er ergens zelf om hebben gevraagd'. De holisten hebben ziekte tot ieders individuele probleem gemaakt, beladen met schuld en schaamte. Om de gevolgen van deze terreur even tot mezelf te beperken, een terreur die intussen tot ontelbare spreekkamers en ziekenhuizen in het gehele land is doorgedrongen: om de een of andere reden geloof ik niet dat dit kwakdenken zal bijdragen aan het onderzoek naar de oorzaak van ME, noch aan de bestrijding ervan.

Maar al besef ik inmiddels terdege dat ik me het hele afgelopen jaar heb gedragen als een mishandelde vrouw die zich schaamt voor de klappen die zij krijgt en die zich schuldig afvraagt hoe ze een eind aan het slaan moet maken, die wetenschap zal niet verhinderen dat ik nog jaren vaag het gevoel houd dat er iets schandelijks aan mijn toestand is, iets onwelvoeglijks, iets wat je niet aan de grote klok hangt. En soms snap ik ineens weer waarom ik die bespottelijke notie maar niet kwijtraak. Als ik voor het eerst publiekelijk over mijn ziekte spreek, zal een van mijn vriendinnen bijvoorbeeld geschokt opmerken: 'Maar dat kun je toch niet *doen*, Renate. Je wilt de geschiedenis toch niet in gaan als ME-*patiënt?*'

Daarmee vergeleken is zelfs een bijlmoordenaar nog respectabel, zo te horen.

VIERDE BEDRIJF

Een van mijn kennissen is op bezoek. Sedert enige
tijd heeft ook hij een onverklaarbare aandoening:
van duizeligheid moet hij voortdurend languit op de
grond gaan liggen. Alles heeft hij al geprobeerd om
er vanaf te komen, tot en met vreemde
behandelingen door een paranormaal genezer bij
wie er 'laserstralen' uit de vingertoppen flitsen.
Enthousiast vertelt hij me nu dat hij iemand heeft
gevonden die wonderen bereikt met speciale brillen,
waarin een geheimzinnig persoonlijk prisma wordt
geslepen. 'Zou hij het zelf geloven?' denk ik nog
net als de telefoon ons gesprek onderbreekt. Het
is iemand met een spectaculair nieuwtje: zij heeft
gehoord van een vent in Indonesië die 'mediteert
op eieren die zieken hem zenden. Als je nadien
zo'n ei rauw nuttigt, ben je in één klap overal
vanaf.'
'Fantastisch,' zeg ik dankbaar. 'Heb je zijn adres?'

Nederlanders achten zich een nuchter volk, wars van mal-
le praatjes en bijgeloof, maar niettemin is er op zowat
elke straathoek in dit land een helderziende, een kruiden-
vrouwtje of een alternatieve piskijker gevestigd. Zij houden meestal praktijk in een speciaal daartoe ingerichte
slaapkamer van hun eengezinswoning, ze hebben bijna
altijd wachtlijsten als voor een harttransplantatie en hun
genezende krachten kennen doorgaans geen limiet. Onder
hen bevinden zich ongetwijfeld ook strenge holisten met
hun waanideeën, maar Caroline en ik kunnen niet al te

kieskeurig zijn. Met onze klachten kunnen wij nergens anders terecht dan bij de obscurantistische hulpverleners; wij behoren tot de dolende massa patiënten die door de reguliere geneeskunde is verbannen, in ons geval omdat onze ziekte nog te kort bestaat om onderdeel te zijn van de medische opleiding.

Laten we onze aura's dus maar eens stevig om ons heen trekken en afdalen in de wereld waarin het onzegbare en het onzichtbare aan de macht zijn.

Vrij kort voordat ik ziek werd, moest ik de toenmalige minister van Emancipatiezaken in het openbaar een interview afnemen. Ik hoefde niet lang na te denken over het onderwerp van ons gesprek. Ik wilde het graag met de minister hebben over de explosieve toename van kinderporno op de o6-telefoonlijnen. Iedere week openden er nieuwe nummers met bandjes waarop tienjarige meisjes opgewonden fluisterden: 'Oh, alstublieft meneer, naai me dan, zo hard als u kunt, ram me met die stijve knots, spuit me vol, dieper, dieper in mijn geile poesje.'

Nu gun ik iedereen een knallend seksleven, ook de kinderen uit groep zes, maar het leek me toch dat we hier een probleem hadden. Bij de wet was kinderporno dan wel verboden, maar verbale kinderporno mocht blijkbaar gewoon op ons telefoonnet, aangezien de rijkskas daar wel bij voer: de revenuen van het telefoonverkeer belandden via de voormalige PTT namelijk nog regelrecht in de nationale schatkist. We hadden dus een overheid die geld verdiende aan het uitbaten van de meest weerzinwekkende van alle natte dromen: kleine meisjes die erom smeken door grote mannen overweldigd te worden. Zo'n overheid was in mijn ogen niet minder dan een pooier.

Of de bewuste bandjes echt door minderjarige meisjes dan wel door schnabbelende hoorspelactrices werden ingesproken, deed wat mij betreft niet zoveel ter zake. Het ging erom dat hier een seksuele droom werd verkocht die de seksuele werkelijkheid van minderjarigen nog onveiliger maakte dan die al was. De minister, tot wiens portefeuille de bestrijding van seksueel geweld behoorde, zou moeten begrijpen dat harde maatregelen vereist waren.

Zo belandden wij gezamenlijk op het podium. Ik stak van wal met het voorstel om eerst maar eens een toneelstukje op te voeren. Zijne excellentie moest net doen alsof hij een 06-nummer draaide en dan zou ik uitkraaien wat de jeugdige Evelientjes en Debbies ten beste gaven. Terstond kreunde ik al van oeh en ah. 'Neuk mij, laat me die stijve pik voelen,' hijgde ik tegen de minister, die vastberaden meteen een ander onderwerp aansneed.

Na afloop vernam ik van een van zijn medewerkers dat de bewindsman tot op het laatste moment had geaarzeld of hij mij wel te woord zou staan. Kort tevoren had ik namelijk in *Opzij* een stuk gepubliceerd waarin ik stelde dat het een schandaal was dat hij deze vorm van kinderporno gedoogde. Het eindigde met de woorden: 'Evelientje zou zeggen: "Jeetjemina, wat een enoooorme lul, zeg"', en dat zat de minister niet lekker. De minister was op zijn dinges getrapt. Met een mevrouw die zo'n onfatsoenlijk columnpje over hem had geschreven, wilde hij eigenlijk niet praten.

En geef hem eens ongelijk. Vrijwel geen man in dit land wenst immers, in welke bewoordingen dan ook, aangesproken te worden op het bestaan van seksueel geweld – laat staan dat je een minister, eerst in geschrifte en daarna nog eens in een zaaltje, te verstaan kunt geven dat hij zijn verantwoordelijkheden op dit terrein verwaarloost. Zoals bijna elke andere man negeert hij de ernst van de kwestie, en doet alsof *zijn* persoonlijke eer op het spel staat, in plaats van die van ontelbare vrouwen en meisjes. En zo iemand is bewindspersoon. In zo iemand stellen wij ons vertrouwen.

Maar laten we reëel blijven. We stellen ons vertrouwen heus niet alleen in snel gekwetste ijdeltuiten, we laten het schip van staat tenslotte ook met een gerust hart over aan diverse andere idioten: godsdienstfanatici, openlijke leugenaars en bewezen oplichters. We vinden alles best. We kijken allang nergens meer van op. We verblikken noch verblozen als een burgemeester of notaris corrupt blijkt te zijn, een chirurg ten onrechte tonnen bij de verzekering declareert, een bankdirecteur met voorkennis op de beurs speculeert: we leven in een wereld waarin het najagen van eigenbelang tot in de hoogste kringen de hoogste prioriteit heeft, waarin dubieuze zaken zowat tot norm verheven zijn, en waarin de zogenaamde geile praatjes van kinderen geld voor de staatskas opbrengen. Zo'n wereld mag met recht een omgekeerde heten, temeer daar we dit alles nog doodgewoon vinden ook. Maar stel je je vertrouwen in een homeopatisch druppeltje of in een magnetiseur met helende handen, dan kijkt iedereen je meewarig aan.

De iriscopist die me door een alternatief geïnspireerde kennis is aangeraden, heeft aan de muur geen verantwoorde kunst in wissellijsten, zoals mijn internist, noch staan er in zijn praktijkruimte leren stoelen, zoals bij de neuroloog. In de oorspronkelijke opzet van het huis zal de architect dit vertrekje als logeerkamer hebben bedoeld, schat ik. Ik besluit de kaalheid ervan functioneel te vinden. En nu ter zake. Maak mij beter.

Eerst moet er een met de hand gestencild formuliertje worden ingevuld. Dan wordt me verzocht strak voor me uit te kijken terwijl de iriscopist, een laconieke jongeman in een sportief geruit colbertje, me diep in de ogen blikt. Hij mompelt duister van 'vlokken en draden' en zegt na enkele ogenblikken: 'Maar u bent ernstig ziek!'

Dat zulke woorden nog eens ware balsem voor mijn ziel zouden zijn. Ernstig ziek! Vlokken en draden! Nu zullen er eindelijk spijkers met koppen worden geslagen. Vreemd alleen dat laboratoriumonderzoek dit niet eerder aan het licht heeft gebracht.

De iriscopist schokschoudert: er is volgens hem zoveel dat bij conventioneel onderzoek niet wordt ontdekt. Onder een microscoop ziet men altijd maar een deel van de werkelijkheid. 'Maar uw ogen zijn de spiegel van uw totale constitutie,' zegt hij.

Deze spiegel vertelt ons, na een tweede, intensieve schouw, dat mijn darmen als de bron van alle misère moeten worden aangemerkt. Mijn stofwisseling is een heidense bende, en daar krijg je allerlei vitamine- en mineralentekorten en rare vergiftigingen van, die hun weerslag hebben op het gehele lichamelijke functioneren: een ziek orgaan, een zieke mens.

Ik gaap mijn redder aan. Hebben we, hier op de logeerkamer, de lang gezochte oorzaak van ME te pakken? Ja, nee, dat kan hij niet met zekerheid zeggen, trouwens, what's in a name, maar in elk geval staat vast dat ik dit mankeer.

Ter reiniging van de vervuilde kanalen krijg ik een grote hoeveelheid plantaardige medicijnen mee naar huis. Met rituele aandacht slik ik ze driemaal daags. Wat mij betreft bevatten ze vloeibaar goud.

Mijn minnaar beziet me met een blik vol twijfel. 'Zou het niet minstens evenveel helpen als je om te beginnen eens ophield met roken?' vraagt hij. Zijn dochtertje en hij hebben een mopje over me. Vraag: wat is het verschil tussen Renate en een schoorsteen? Antwoord: een schoorsteen rookt alleen 's winters.

'Daar heeft de iriscopist niets over gezegd, man,' snauw ik. Des iriscopists woord is mijn enige wet geworden. Ik heb de wondere wereld van de handel in hoop ontdekt.

Na enkele maanden vol pillen, poeiers, druppels, korrels en herhaalde consulten, tijdens welke mijn ogen zorgvuldig worden gefotografeerd en als pompoenen zo groot op de muur worden geprojecteerd, beslist de iriscopist dat mijn vooruitgang 'te gering' en mijn conditie 'te zorgwekkend' is. Hij trekt zijn handen van me af.

Het schijnt dat er mensen bestaan die na een verbroken liefdesrelatie reeds de volgende dag de krant ter hand nemen om de kennismakingsadvertenties door te vlooien op zoek naar vervangend instant-geluk. Zoals zij terugdeinzen voor de troosteloze krater van de eenzaamheid die ineens aan hun voeten gaapt, zo kan ik de vrije val van het ziek zijn zonder enig vooruitzicht op herstel, niet aan. De enige manier om verbetering in het verschiet te houden, is meteen een andere alternatieve geneeswijze te proberen. Als ik niets onderneem, gebeurt er zeker niets. Al moet ik achter een goeroe aan, al moet ik op een dieet van onze-lieve-vrouwebedstro, al moet ik, gelijk het meisje uit het sprookje, hemden van brandnetelvlas weven totdat er blaren op mijn vingers staan, als ik maar weer gewoon 's ochtends wakker kan worden zonder meteen te wensen dat ik deze dag mag overslaan.

Gelukkig heeft Caroline al veel voorwerk in het alternatieve circuit verricht. Van acupunctuur, heilzame modderbaden en speciale massages hoeft, op grond van haar ervaringen, geen blijvende verbetering te worden verwacht. Ook gebedsgenezing moet bij nader inzien worden afgeraden: op het moment dat verre achternichten van mijn vriendin op een avond hun vroom en helend gebed voor haar hadden aangeheven, was er een storm losgebarsten die in het hele land de pannen van de daken had geslagen; overal waren bejaarden en kinderen in grachten en sloten geblazen en de kerktoren van Hoorn was omgewaaid. We moesten het maar liever met Bach-flowers proberen.

Een deskundige is snel gevonden. Zij is geheel behangen met geneeskrachtige stenen en mengt op het inmiddels bekende zijkamertje bloemtincturen met feeërieke namen: Sweet Chestnut, Star of Bethlehem, Cherry Plum, Water Violet. Ze beveelt er een begeleidende aromatherapie bij aan. Slikken en snuiven, is haar motto. Er komt een batterij levenskracht schenkende essentiële oliën op tafel, ter verdamping en inhalering, die het lichaam weer in balans zullen brengen. En lavendeldruppels voor op het beddegoed en in bad. Ik voel me geheel Laura Ashley, maar volgens mij kan het grondiger.

Misschien moeten we eens een dieet aanvatten. Er zijn diverse scholen op dit gebied. Twee weken vasten is een must; twintig glazen water per dag hebben menigeen nog van het doodsbed doen opveren, en anders het kauwen op citroenpitten wel. Een helderziende in een stacaravan instrueert me veel waterkers te eten. Alleen dat zal de schade kunnen herstellen die zij waarneemt aan mijn derde en vierde chakra. Caroline dient voortaan een blauw sjaaltje te dragen om haar keel-chakra te activeren. De helderziende raadt ons aan elke ochtend bij het ontwaken tegen onszelf te zeggen: 'Ik wil een mooie, rechte, sterke levensas.' Bij het vertrek roept ze ons nog na dat elke dag een schijf ananas een zegen voor de ontlasting is.

Ter herinnering bellen Caroline en ik elkaar 's ochtends op: 'Heb jij al aan je levensas gedacht?' Volgens weer andere bronnen is het bovendien zaak bij wijze van positieve affirmatie onophoudelijk vol overtuiging tegen onszelf te mompelen: 'Iedere dag word ik in elk opzicht stukken en stukken beter.' Ter ondersteuning daarvan doen we de Meditatie van het Ei, planten we rozestruiken rondom ons aura en proberen we woe-wei te bereiken, de taoïstische staat van het absolute niet-handelen en niet-willen. We laten ons aura lezen en vernemen dat we onze gezondheid zullen herwinnen zodra we onszelf maar hebben geaccepteerd – nadat we eerst onze ontelbare karakterfouten hebben gecorrigeerd, uiteraard.

Dan horen we van een betrouwbare kennis dat er in Frankrijk een wonderdoener zit die opzienbarende genezingen bewerkstelligt middels haarlokken. We sturen enveloppen vol haar naar de tante van onze kennis, eveneens te Frankrijk woonachtig, plus een kist Hema-worsten als dank voor haar bemiddeling. De harenmagiër laat al snel via tante weten dat onze maladie lelijk huishoudt en dat wij op het punt staan tenonder te gaan aan de depressies die daar het gevolg van zijn. Keer op keer verzenden we enkele tressen en envelopjes met geld, en wachten op heilzame vibraties vanuit het zuiden. Het is onbegrijpelijk, maar die blijven uit.

We strompelen zo veel mogelijk door bos en beemd om kosmische energie op te doen. We schaffen barnstenen aan, de draagsters van energie, die eerst in water en dan in vuur gezuiverd moeten worden en vervolgens drie dagen in de aarde begraven blijven, waarna ze op de blote huid gedragen worden. Ik leer de tarot leggen en blijk een ware meesteres in het trekken van *The Hanged Man*, het symbool van complete stagnatie. De kaarten manen mij tot geduld en acceptatie.

'Go with the flow,' bevestigt Caroline, die het inmiddels in healing heeft gezocht. Volgens haar healer hangen er 'zwarte wolken om haar heen' en verkeert zij nog immer onder de banvloek van een kwaadaardige tovenaar, die het in een vorig leven op haar had gemunt. 'Dat heb ik nou altijd al gedacht,' zegt haar man. Ook ik exploreer onder therapeutische begeleiding het verleden, we moeten immers alles proberen, en kom er via Touch for Health achter dat voor mij de narigheid begonnen moet zijn op het moment van mijn conceptie – 'Dat zouden we tegenwoordig verkrachting binnen het huwelijk noemen' – met als resultaat dat er veel agressie en walging in mij zijn samengebald. Ook zou ik allergisch zijn voor de adrenaline die ik zelf produceer, en moet ik elke vijfenveertig minuten een glas heet water drinken. Jammer, ik had liever ontdekt dat ik in een vorig leven minstreel aan een of ander hof was geweest.

In het heden wordt het trouwens de hoogste tijd voor een dubbele portie pijnbestrijding. Of ik mij maar op mijn buik wil uitstrekken bij de volgende deskundige, een be-speler van Tibetaanse klankschalen. Hij plaatst een bron-zen slabak op de Machu Picchu van mijn Andes, te weten mijn achterste, en slaat er enige malen dreunend op. Ter-wijl er een melodieus gegons uit de schaal opstijgt, voel ik hoe de vibraties intern de verste uithoeken van mijn zere lijf bereiken. Maar ik adem verkeerd, *ik kruip er niet voldoende in*, en dan kan men de klok luiden tot men een ons weegt.

Niet alleen de ademhaling blijft onder de maat, ook op andere gebieden manifesteren zich problemen: Caroline heeft ergens gelezen dat chronisch zieken over een meet-baar verminderde huidweerstand beschikken. Wij zijn als het ware zo poreus dat andermans invloeden ongevraagd bij ons naar binnen razen, en dat moeten wij niet hebben, bij wat wij allemaal al hebben. We dienen nog wel zes keer zo hard te mediteren om ons te vrijwaren van in-breuken op ons breekbare zelf en daarnaast veel vitamines en mineralen te slikken en de meridianen regelmatig te activeren. En intussen gaan we elke week naar de chiro-practor, die ons kraakt op blokkades in het vegetatief ze-nuwstelsel. Hij is een opgewekte man met een groot por-seleinen bloemstuk op zijn bureau en een fris blauw krui-deniersjasje aan, die onder het wringen en ploeteren ineens verzaligd voor zich uit kan mijmeren: 'Wat is het toch een heerlijk vak.' Hij vindt dat we de zaak 'niet ba-gataal moeten aanpakken', en als het regent, spreekt hij van 'pathologisch weer.' Omdat het chiropractors zo'n mooie taal blijkt te zijn, wordt deze kraker mijn favoriet van alle helers. Volgens hem wordt mijn ziekte mede in-gegeven door een 'posturaal probleem': ik laat mijn kopje te veel hangen. Geen wonder dat die mooie, rechte levens-as maar uitblijft. Snel werp ik mijn hoofd in de nek, waar-op de chiropractor getergd uitroept: 'Nee mevrouw, nee, zo is het leven ook weer niet! Gewoon naar de horizon kijken.' En als dat me uit eigener beweging niet lukt, dan raadt hij me aan maar eens hypnotherapie te proberen.

'Een hypnotherapaal,' zeg ik tegen Caroline, 'die hebben we nog niet in onze verzameling. Word jij vandaag trouwens nog door iemand genezen?'

Clichés zijn altijd waar, anders waren het geen clichés geworden. 'Hoop doet leven', welnu, zo is het maar net. En baat het niet, dan schaadt het niet, je weet maar nooit, en je hebt immers niets te verliezen. Bovendien was mijn nuchterheid toch al nooit spreekwoordelijk.

Niettemin blijft het een interessante vraag waarom iemand bereid is door alle esoterica en dwaasheid ter wereld te waden om maar niet ziek te hoeven blijven. Is dat dan werkelijk zó ondraaglijk? In mijn jeugd heb ik ten gevolge van een botafwijking een tijdje niet goed kunnen lopen. Aan die jaren van vervelende operaties bewaar ik levendige herinneringen, maar wat ik me apert niet heug is dat ik toen ooit de moed zo diep liet zakken als nu. Ik geloof zelfs dat ik op een morbide manier wel genoot van de tragiek om als zestienjarige op krukken bij het hockeyveld te moeten staan of mijn rolstoel smartelijk pal naast de dansvloer te parkeren. Dat had ontegenzeglijk compenserende waarde. Zo jong en reeds zo diep getroffen – ik zag het de omstanders denken. Maar inmiddels ben ik domweg te oud om glamour te ontlenen aan lek en gebrek: ik loop al tegen de veertig, nog even en ik ben van middelbare leeftijd, en het is bekend dat menigeen dan gaat sukkelen. Was ik destijds een dramatische uitzondering die zich in ieders liefdevolle aandacht mocht verheugen, nu ben ik gewoon de zoveelste oude brekelaar.

Bovendien was mijn leven mijn verantwoordelijkheid niet toen ik zestien was. Ouders en leraren beschikten over me, waakten over mijn gangen en namen beslissingen voor mijn zogeheten bestwil. Het hele bestaan, inclusief de ongemakken ervan, was iets wat me van hogerhand overkwam. Dat maakte me flexibel in het ondergaan van onprettige eventualiteiten: ik kon immers toch nergens invloed op uitoefenen, ik had niets in te brengen. Ik zat het wel uit. Pas na het bereiken van een zekere leeftijd wordt je leven het canvas dat je zelf beschildert, en dan verlies je die inschikkelijke lijdzaamheid snel. Men is nu een handelende instantie geworden die vorm geeft, beslist, stuurt en bepaalt. Hoe het schilderij van je leven eruitziet, wordt dan een kwestie van je eigen inbreng.

Om maar een voorbeeld te noemen: als kind hoefde ik van mezelf bepaald niet gelukkig te zijn. Dat was immers een onmogelijke staat zolang ik nog door anderen werd beknot in alles wat ik wilde. Geluk leek me iets voor later, voor als je eigen baas was en alles naar je hand kon zetten. Maar nu is het inmiddels 'later', en nu is mijn penseel me zogezegd uit de vingers gevallen en kan ik niet verder met mijn schilderij. Uit het niets zijn daarop dikke zwarte klodders verschenen, als neergesmeten door een boosaardige hand die er totaal geen rekening mee houdt dat ik de verplichting op me heb genomen om nu eindelijk niet alleen gelukkig te zijn, maar ook verstandig, interessant, vol durf en visie, en zo nog het een en ander. Hoezeer ik ook probeer me te houden aan de opdracht die ik me heb gesteld, het penseel gehoorzaamt niet meer aan mijn wil. Als een klein kind heb ik opeens weer een volkomen onbestuurbaar leven, terwijl ik daar als volwassene allang niet meer de souplesse voor bezit.

Misschien is dit wel de belangrijkste reden waarom langdurig ziek zijn zo vaak aanvoelt als een perverse vorm van verkleutering, van regressie: je bent hulpeloos overgeleverd aan krachten machtiger dan jezelf. Een gezonde kan nog illusies koesteren over de bestuurbaarheid van het bestaan, maar een zieke is die illusie ontnomen. Die weet hoe het werkelijk zit, namelijk dat het leven stampend en zwalkend en maaiend en link geheel zijn eigen loop neemt en dat je maar wat wordt heen en weer geslingerd op het tij der gebeurtenissen. Dit is geen sensatie die de levensvreugde dient. Wie wil er graag achter de ware aard van het bestaan komen? Geef mij maar liever een paar illusies, hoe onzinniger, hoe beter. Zij zijn de vonken in mijn accu, ik denk niet dat ik zonder kan. Het is voor mij van vitaal belang om te geloven dat ik het lot in elk geval ten dele de baas ben.

Gelukkig blijkt dat zelfs nog goed voor de gezondheid te zijn ook. De medisch psycholoog J. Vercoulen, die in het Nijmeegse Radboud Ziekenhuis onderzoek onder ME-patiënten doet, heeft geconstateerd dat mensen die geloven dat ze hun klachten zelf op de een of andere manier kunnen beïnvloeden, er doorgaans werkelijk beter aan toe zijn dan degenen die hun ziekte alleen maar lijdzaam ondergaan. Dat is andere koek dan gemekker over psychische gebreken of oude trauma's die eerst opgelost moeten worden, dit klinkt zinnig, dit is precies het verband tussen lichaam en geest waarin ik geloof.

En daarom wend ik mij tot elke genezer uit de telefoongids. Want zolang ik dat doe, geef ik er blijk van dat ik mijn toestand niet als onoplosbaar beschouw. Het is slechts een kwestie van de juiste methode. En die zal ik vinden, al moet ik ervoor op mijn kop gaan staan. Ik zal de meest meedogenloze waarheid van het leven aan mijn laars lappen door te genezen: als ik erin slaag de smetten van mijn bedorven schilderij te verwijderen en het oude beeld te herstellen, dan zal ik weer triomferen over het lot. Het zal zich als vanouds naar mijn wil moeten schikken, in plaats van andersom.

Vandaar dat we maar eens een magnetiseur opzoeken. Jammer genoeg wonen de wonderdoeners nooit om de hoek, met het openbaar vervoer zijn ze niet altijd te bereiken, en de zelfstandige verplaatsing van twee ME-ers heeft enige voeten in de aarde. Eerst moet worden vastgesteld wie van ons tweeën, Caroline of ik, vandaag achter het stuur het minst gevaarlijk zal zijn. We vergelijken hel-

derheid en draaibaarheid van hoofd, spierkracht, ausdau-
er. We pakken leeftocht in ('Zit jij nog aan die citroenpitten vast?' 'Nee, ik mag nu alleen maar sla') en proppen
onze tassen vol met de momenteel vigerende pillen en cap-
sules. We bestuderen met suffe koppen de kaart: op welke
locaties kan gepleisterd worden, waar zullen we even kunnen bijkomen van de onvermijdelijke appelflauwtes. Brillen mee, truien mee voor het altoos verkleumde corpus.
Hannibal was nog sneller met zijn olifanten de Alpen over
dan wij erin slagen Utrecht te bereiken.

De magnetiseuse bewoont een herenhuis in een sombere
stadswijk. Het is van verre herkenbaar aan de speciale
opgang voor rolstoelen. Binnen voegen we ons, in de
woonkamer ditmaal, bij de overige lijdenden, die net als
wij zijn bepakt alsof zij de ervaring hebben dat het hier
vaak een knap dagje wil duren. Temidden van deze epi-
leptici, verlamden en bezetenen zijn wij duidelijk maar
lichte gevallen. Stil wachten we onze beurt af. Er is genoeg
te zien, want men wordt voor het helende werk niet apart
genomen, het gebeurt *en groupe*, recht onder ieders neus,
tussen de fuchsia's.

Ondanks haar gevorderde leeftijd trippelt de magnetiseuse kwiek op dodelijke naaldhakken van de een naar
de ander. Haar grijze hoofdje knikt ernstig terwijl zij
klachten aanhoort. Dan strekt ze haar magische handen,
sluit de ogen en straalt er intens op los. Soms steunt en
kreunt ze even, alsof ze de kwalen van haar patiënt zelf
aan den lijve voelt. Ze biedt in haar knalblauwe mantel-
pakje met wijd uitstaande rokken zo'n overrompelende
aanblik, dat we helemaal vergeten erop te letten of de
behandelden na gedane arbeid wel verkwikt vertrekken.

Als wij eindelijk aan de beurt zijn, hoeven we niet veel
woorden aan onze conditie te spenderen. Meteen nadat
ze de lucht om ons heen even heeft afgetast, verklaart de
magnetiseuse al dat wij beiden 'net vergieten zijn': de levenskrachten sijpelen bij ons onstuitbaar naar buiten. He-

laas, daaraan kan zij niets doen. Ze kan ons niet helpen. Vergieten liggen buiten haar competentie.

Maar wacht, ze krijgt een boodschap door. Onwillekeurig houden ook wij onze adem even in. We verwachten bijna zelf iets te horen. Dat gebeurt niet. Maar dat doet er niet toe. We moeten, zo luidt het bericht dat onze genezeres ontvangt, ons in een zeker ziekenhuis te Bilthoven vervoegen waar men ons heilzame injecties zal kunnen geven.

Als we even over dit bovenaardse advies hebben heen en weer gepraat ('Ik weet ook niet waar het vandaan komt hoor, ik vang het gewoon op.'), volgt nog de aanwijzing dat het hier om een antroposofische kliniek zou gaan. Welnu, daarvan zijn er niet veel. We betalen dertig gulden en gaan er vol nieuwe hoop en inspiratie vandoor: nu weten we tenminste waar men ons kan voorzien van een mooie, rechte levensas.

Gelukkig is mijn huisarts een man tegen wie je best kunt zeggen dat een niet nader geïdentificeerde stem uit het Al zojuist antroposofische injecties te Bilthoven heeft voorgeschreven, en of hij daarvoor nu maar een verwijsbriefje wil geven. Tijdens mijn ronde door de alternatieve sector blijkt hij zelf trouwens ook niet te hebben stilgezeten. Hij heeft er iets bijgeleerd. 'Volgens mij lijdt u al die tijd al aan het chronisch-moeheidssyndroom,' zegt hij gul.

'Juist,' zeg ik, hoewel ik nogal een hekel heb aan deze aanduiding van ME. In mijn omgeving zeggen mensen weleens met matte stem: 'Ik ben op het moment toch zo moe. Ik ben gewoon kapot. Ik weet nu precies wat jij doormaakt.' Dan denk ik slechts: Vader, vergeef hun hunne zonden. Was ik maar louter moe, daar deed ik het met liefde voor.

Maar wat zal ik met mijn huisarts strijden over een naam? Ik kan beter dankbaar zijn voor het feit dat hij inmiddels tot dit punt gevorderd is. Dat maakt hem al tot een verlichte arts. Bovendien heb ik voor de verzekering zijn verwijzing nodig. De kans nu eindelijk eens een behandeling te kunnen declareren, zal ik niet laten lopen. Op naar de door de kosmos aanbevolen injecties.

Overigens zijn het niet alleen beroepsmatige magnetiseurs die belangrijke boodschappen met betrekking tot mijn genezing doorkrijgen. In heel Nederland en België blijken ontelbare amateurs-in-het-obscurantisme eveneens te zijn geroepen om mij te helen. Nadat ik in een radioprogramma voor het eerst over mijn situatie heb gesproken, ontvang ik stapels brieven waarin wildvreemden beweren dat zij, van een nooit nader genoemde instantie, 'de opdracht' hebben gekregen, mij terug te helpen naar mijn knollentuin. Ze waren gewoon bezig met dit of dat, en pats, daar kwam 'de boodschap', als waren zij de maagd Maria die door de engel Gabriël werd bezocht. Een van hen zat bijvoorbeeld net in een café frieten te eten, toen hem 'zijn roeping' gewerd. Na zijn laatste hap zoude hij zich voortaan nog slechts aan 'deze taak' mogen wijden. En of ik mij maar snel met hem in verbinding wil stellen om van deze buitenkans te profiteren.

Nu had ik mijn omstandigheden na ampel beraad juist openbaar gemaakt om verlost te raken van de dagelijkse portie postale dwingelandij en de eindeloze verzoeken om dit of om dat, die me tot zoveel leugens dwongen. Schoon schip maken was mijn opzet, maar nu blijk ik een draconische toestand over mezelf te hebben afgeroepen. De ene briefschrijver zegt 'hete handen' te hebben, de volgende is aankomend sjamaan, er zit een internationaal gediplomeerde heks bij, een reiki-bezetene, iemand die net een basis-initiatiecursus van vier dagen achter de rug heeft in een verder niet omschreven maar ongetwijfeld hoogst heilzame techniek, en menig gevorderde liefhebber in shihatsu en voetzool-reflexologie. Een mens zijn lust is een mens zijn leven. Alleen ga je je wel afvragen of er nog ergens personen zonder bijzondere gaven bestaan.

Sommige van mijn correspondenten verklaren op afstand maar vast aan de behandeling te zijn begonnen. In onbekende dorpen en steden wordt voor mij 'in toverketels geroerd' en worden uit mijn naam 'oeroude rituelen opgevoerd', terwijl ik thuis nietsvermoedend op de bank lig met poes en thee. Zouden die Messiassen dan geen van allen een arme stakker in hun eigen omgeving hebben op wie ze hun bovennatuurlijke krachten kunnen botvieren? Ik kan zelf wel een reiki-meester vinden als ik daar om verlegen zit. Ik heb niets tegen reiki, noch tegen de rest, ik heb alleen iets tegen mensen die mij zo dringend moeten bijstaan. Even benauwd krijg ik het van de onbekende weldoeners die me schrijven wel bij me te willen komen inwonen om me te verzorgen. Hoe zien zij dat voor zich? Zullen zij hun intrek nemen in mijn scheefgezakte schuurtje? Een Belg, naar eigen zeggen geschoold in 'verschillende vormen van Yoga, het klassieke Boeddhisme, Zen en meditatie', somt vlijtig op: 'Wat wil ik voor u doen? Iedere morgen, middag en avond de tafel dekken, daarna afruimen en de vaat doen. Boodschappen voor u doen, naar het postkantoor gaan, om iets af te halen of te betalen.' Punt. Het huishouden in kaart gebracht. Het verbaast me niet als in de laatste regel van zijn brief de volgende aap uit de mouw komt: 'In 1988 heeft mijn vrouw me al eens voorgesteld om een jaar uit elkaar te gaan. Daarom doe ik dit voorstel aan u.' En passant suggereert hij ook nog dat ik tijdens zijn verblijf een boek zou kunnen schrijven met de titel *Zes maanden een Belg in huis*.

Dan lees ik eigenlijk toch liever deze verontwaardigde brief: 'Ik dacht meteen toen ik het verhaal over uw ziekte hoorde: waarom zij nou net weer? Waarom nou niet bijvoorbeeld Harry Mulisch?' Persoonlijk denk ik er eerlijk gezegd precies hetzelfde over. Waarom *is* het, verder alles terzijde, niet gewoon een ander die ondertussen alweer een half jaar lang zonder enig resultaat driemaal per week een ampul openbreekt, een spuitje voltrekt, en zichzelf de fameuze antroposofische arnica-injectie toedient?

Het zal nog eens zes maanden duren voordat blijkt dat ook deze aanpak vergeefse moeite is geweest: mijn ver-vlogen etherlichaam laat zich niet met arnica lokken, het weigert zich weer in mij te nestelen en me van de beno-digde levenskracht te voorzien. Nu ja, als ik mijn etherli-chaam was, hield ik me momenteel ook liever elders op.

Dan belt, op een bleke, natte winterdag, een Engelse vrien-din van Caroline op met de ongelooflijke mededeling dat een collega van haar voor de volle honderd procent van ME genezen is en sedert enige maanden weer fulltime werkt. Wij spreken telefonisch met de collega in kwestie. Wij bellen de bio-energeticakliniek waar hij zo succesvol is behandeld. Wij kopen stante pede twee vliegtickets naar Londen.

In de bio-energetica heerst de opvatting dat een levend organisme in de allereerste plaats een energetisch conti-nuüm is, bestaande uit atomen en moleculen die constant in beweging zijn. Ziekte treedt op zodra de vrije door-stroming van energie door welke oorzaak dan ook wordt verhinderd, en zogeheten negatieve energie zich achter blokkades ophoopt. Deze verstoppingen moeten door een healer worden opgeheven, waarna de negatieve energie dient te worden vervangen door positieve, net zolang tot-dat er een gezond evenwicht ontstaat. Aangezien er bij ME sprake is van grote energiedepletie, zou dit bij uitstek een ziekte zijn waarbij een bio-energetische behandeling baat biedt. De Londense kliniek beroept zich op een suc-cess score van meer dan tachtig procent. Dat zal ze gera-den zijn, want een sessie kost hier £ 55, zij het inclusief liters kruidenthee en versgeperst wortelsap, en men heeft er gemiddeld tien nodig.

'Als we genezen,' zegt Caroline dromerig op Heathrow,

'dan hoeven we nooit meer aan zelfverbetering te doen. Dat lijkt me nog het heerlijkste.'

'En geen diëten meer,' zeg ik, met een blik vol verlangen op de Hollandse kazen die we hebben meegezeuld om iedereen voor ons in te nemen. Houd van ons. Help ons. Een oud nummer van *The Who* maalt onophoudelijk door mijn hoofd: see me, feel me, touch me, heal me. Toch klinkt, vergeleken met de overige therapieën waaraan ik me de laatste tijd heb overgegeven, zo'n bio-energetica-behandeling nog behoorlijk bèta. Maar tegen mijn vriendinnen heb ik alleen maar gezegd dat ik naar 'een kliniek' ga. Ze kijken me de laatste tijd al zo raar aan.

Als we ons vier keer, ondergedompeld in new age-muziek, de hand hebben laten opleggen door een healer die met rinkelende armbanden huishoudt in onze energiebanen, is de eerste week in Londen bijna om en bedraagt het rendement van de behandeling nog altijd nul. Onze blok-kades zijn kennelijk van tropisch hardhout. Lusteloos bla-der ik in de wachtkamer in tijdschriften totdat Caroline ook klaar zal zijn. Net als ik me aan sombere gedachten wil gaan overgeven, komt mijn vriendin binnenwankelen. Ze ziet spierwit en houdt haar ogen als van schrik of ver-bijstering opengesperd. Haast zonder stem stamelt ze: 'Ik heb nergens pijn meer.'

Het duurt zeker drie volle tellen voordat ik besef wat ze zegt. Mijn hart mist een slag. Mijn keel wordt droog. 'Ga zitten,' breng ik uit. 'Beweeg je niet.'

Caroline laat zich in een stoel zakken. Ze zucht diep en sluit haar ogen. Ik zie haar hele lichaam los en slap wor-den. Er komt langzaam kleur op haar wangen. 'Ik voel niets. Ik heb nergens pijn,' herhaalt ze onthutst. Ze springt op (ze springt op? Ik was vergeten hoe dat eruit zag, ik heb jarenlang de motoriek van een bejaarde gezien) en begint zich met een gezicht vol ongeloof te rekken en te strekken. Haar metamorfose is zo compleet, dat ik aan alle kanten in haar moet knijpen. Ze is het nog, maar ze is het niet meer, of beter gezegd: ze is het weer. Mijn verstand staat er bij stil. We roepen van alles door elkaar: we moeten meteen naar huis bellen, we moeten op onze blote knieën dankgebeden zeggen, we moeten taartjes gaan eten om het te vieren. Met fladderende jaspanden holt Caroline de trap van de kliniek af (holt Caroline de trap af?). Ik volg haar langzaam, mijn onwillige voeten behoedzaam neerzettend om niet te struikelen.

's Avonds ijsbeer ik heen en weer in de flat waar we logeren, niet tot slapen in staat. Ik ben alleen: Caroline is uit, eten bij haar vriendin en vervolgens naar het theater, nadat ze eerst de hele middag heeft gewinkeld, ze heeft Londen leeggekocht, is taxi's in- en uitgesprongen, het is fenomenaal, ze heeft op één halve dag meer gedaan dan anders in twee maanden. Er is, zegt ze, in haar hele leven nog nooit eerder iets gebeurd waarmee ze zo gelukkig was als met dit mirakel, niets, niet in de liefde, niet in haar werk – ze heeft nog nooit eerder iets meegemaakt dat zo helemaal louter van haar alleen en voor haar alleen was. Haar ogen glanzen.

'Het kan dus,' zeg ik tegen de muren, 'het kan dus echt.' Hoop ('Morgen ik!') en paniek ('Waarom ik nog niet?') strijden om voorrang. Bittere afgunst doet me meermalen naar adem snakken. Wat moet ik mijn tanden op elkaar zetten om mijn vriendin dit te gunnen, om blij voor haar te zijn. Ze ligt lange, miserabele jaren op me voor. Dit komt haar toe. O Satan, ga toch achter mij! Ik huil als ik eindelijk mijn tanden poets. Nu blijf ik in mijn eentje achter, nu ben ik voortaan alleen met die onbeschrijflijke plaag.

In de kliniek blijkt Carolines populariteit de volgende dag niet weinig te zijn toegenomen. Alternatieve genezers zijn in dit opzicht niet anders dan reguliere artsen: ze zien graag resultaten. Dat mijn vorderingen nihil zijn, zo wordt me te verstaan gegeven, ligt NIET aan de bio-energetica. We moeten op zoek naar externe oorzaken die een spaak in het wiel steken. Waarschijnlijk, want de ervaring heeft geleerd dat dat meestal het geval is bij het uitblijven van succes, wordt mijn huis geteisterd door *geopathic stress*.

Geopathische spanningen? Nu dat weer. En wat mogen dat dan wel zijn? Ik zit in de wachtkamer en pieker. Geopathisch, schat ik, zal wel net zoiets zijn als psychopathisch, maar dan op geografisch niveau. Dat klinkt beroerd. Ontzet ga ik op zoek naar iemand die opheldering kan verschaffen. Men kijkt me ongelovig aan. Heb ik dan werkelijk nog nooit gehoord van dit natuurkundige fenomeen dat het oog weliswaar niet vermag te zien, maar dat daarom nog niet voor de poes is?

'Ze denken dat ik thuis op een aardstraal lig,' leg ik ellendig aan Caroline uit.

Gelukkig komt er de volgende dag juist een internationaal vermaarde wichelaar uit Birma in de kliniek op bezoek, toeval bestaat niet, die de gave bezit aan iemand te kunnen zien of diens leefomgeving geopathisch in de haak is. Deze Mrs Wan kijkt me een tijdje borend aan. Vervolgens bestudeert ze mijn voeten. Dan meldt ze dat mijn woning aan de andere kant van Het Kanaal massa's *dead energy* bevat.

Ik krijg te verstaan dat ik onmiddellijk handelend zal moeten optreden, want niets is zo belastend voor het gestel als de narigheid die ik onwetend in huis heb. 'Dode energie' zou het residu zijn van heftige emoties: verdriet, ruzie, verwijten en angsten produceren een onzichtbare vervuiling, die, eenmaal ergens gedeponeerd, daar blijft liggen om mens en dier te ondermijnen. Mrs Wan raadt me aan de zaak ter controle maar eens grondig te pendelen en er dan een deskundige bij te halen, bij voorkeur haarzelf. Het vliegticket, by the way, is niet inbegrepen in haar honorarium.

Dus gaan Caroline en ik naar een esoterische winkel en kopen we voor drie pond een pendel in een plastic zakje.

Terug in de flat laten we hem aan het draadje bungelen en vragen bij wijze van proef met holle stem hoe het in deze ruimte met de geopathische stress zit. Maar volgens de gebruiksaanwijzing moeten we eerst bepalen welke draaiingen van het instrumentje 'ja' en 'nee' betekenen. Aangeraden wordt de pendel hiertoe boven een kopje thee te hangen en dan eenvoudig te vragen: 'Is this a cup of tea?' Voor alle zekerheid, zo vervolgen de instructies, vrage men daarna nog eens: 'Or is this a dinosaur?'

Wij houden de pendel boven de hete thee. 'Is dit een kopje thee?' vraagt Caroline geconcentreerd. Er gebeurt geen zier, roerloos hangt de pendel aan zijn touwtje. 'Maar het is ook een *beker*,' valt mij in. 'Is dit een beker thee?' vraagt mijn vriendin meteen vol vertrouwen. Weer niets. Vragend kijken we elkaar aan, twee vrouwen die het leven ernstig nemen. Want wat zit er in die beker? Beslist geen thee van een Javaanse plantage! Om diëtaire redenen drinken wij immers louter kruidenthee. Juist. Is dit een beker kruidenthee? We slaken een getergde zucht. Misschien moet het in het Engels. Is this a mug of herbal tea?

Als ik al half op de bank in slaap gesukkeld ben, hoor ik Caroline in de verte nog onverzettelijk doorgaan met haar derdegraadsverhoor. Is this a hot drink of any kind? Or is this a herbal dinosaur?

Thuis laat ik er geen gras over groeien. Enige navraag brengt me in contact met een man in een tochtige nieuwbouwwijk, die een magnetische plaat heeft ontwikkeld die 'de energetische rotzooi zó het raam uit rolt.' Voor tachtig gulden kan ik er een van hem kopen. Deze kartonnen badkamertegel hoef ik alleen maar een paar uur in ieder vertrek neer te zetten, en weg zijn de ongewenste vibraties. Zo gezegd, zo gedaan. En dan snel terug naar Londen.

Nergens staat geschreven dat je niet hemel en aarde zou moeten bewegen. Nergens staat geschreven dat het vanzelf zal gaan. Maar in mijn omgeving begint men mij zo langzamerhand openlijk op te nemen alsof ik niet goed snik ben. Zelf vind ik ook dat *geopathic stress* zich absoluut bevindt op het hellende vlak van *things that go 'bump' in the night*, en anders magnetische platen wel waarmee je op kosmisch niveau grote schoonmaak houdt – maar mijn ziekte zelf is niet minder spookachtig of omstreden dan de methodes waarmee ik haar te lijf ga. Niets van wat ik onderneem heeft enig bestaansrecht binnen het traditionele medische paradigma, maar ME zelf al evenmin. Ik bestrijd het ongrijpbare met het ongrijpbare, ongeveer zoals binnen de homeopathie ziekte met ziekte wordt bestreden.

En tijdens de tweede van een nieuwe serie behandelingen in Londen daalt er plotseling een vrede op me neer die zijn weerga niet kent. Sereen en ontspannen lig ik op mijn rug, tot in mijn tenen tevreden met het leven. Pas als ik opsta besef ik dat ook ik nu vrij ben van pijn. Ik kom overeind in een andere wereld, een nieuwe, vriendelijke, milde wereld, waarin geen brandende, kloppende, bonkende spieren meer bestaan. Geen razende benen meer die me 's nachts zo vaak uit de slaap hebben gehouden, geen krampen meer, geen tintelingen, geen onbeheersbare volksdansen die het hele spierstelsel op eigen houtje uitvoert.

Voorzichtig ga ik naast de behandeltafel staan. Langzaam richt ik me op. Het is alsof ik me ontrol, na jaren in een slakkehuis opgesloten te zijn geweest. Ik herneem mijn eigen lengte, ik herwin mijn breedte en diepte, ik strek me en ik kan nog verder, ik ben voor het eerst weer groter dan mijn zere lichaam, ik rek me uit tot aan het plafond en verwacht half dat het open zal splijten om mij toegang te verschaffen tot de blauwe hemel, die ik, hoger en hoger torenend, zal doorboren als een raket op weg naar Mars. Oh, heel de kosmos is binnen mijn bereik! Alles flonkert! Het moet tot in elke uithoek van het heelal te voelen zijn dat er ergens in een zonnestelsel genaamd Melkweg, op een van de planeten, genaamd Aarde, een vrouwtje buiten zinnen op en neer springt in een stadje, genaamd Londen.

Mist het in Londen? Druilt het in Londen? Zoals de wereld voor alle verliefden altijd verbluffend mooi is en tot in alle details klopt, zo zie ik plotseling niets dan schoonheid om me heen en ruik ik in de uitlaatgassen de frisse, vage geur van zomergras. Schreeuwend van plezier hol ik door plassen, zonder gelijk de kleine zeemeermin op een tweesnijdend zwaard te stappen. Alles aan mij wil bewegen, alles aan mij kan bewegen.

Nooit meer die vermoeiende afwegingen of ik zus of zo zal moeten doen of juist moet laten om mezelf te sparen, nooit meer dat gevoel dat ik werkelijk niet meer weet waar ik mijn lichaam nu weer eens zal laten, nooit meer zelfs te beroerd om alleen maar doodstil te kunnen liggen wachten op niets, nooit meer tegen een trap opzien, een draaideur, een helling! Een auto in en uit te stappen! Een tas te kunnen dragen! Niet het gewicht van mijn jas als lood op mijn schouders te voelen drukken! Mijn God, de lijst is zonder einde! Elke minuut brengt een nieuwe ver-rassing, als duveltjes uit een doosje schieten er vergeten gebaren en handelingen tevoorschijn. 'Kijk dan,' roep ik onophoudelijk als een klein kind, 'kijk dan Caroline, kijk dan wat ik kan!'

Tot zover het goede nieuws.

Want net als mijn vriendin moet ik eigenlijk al binnen een week erkennen dat euforie bijzonder veel adrenaline pro-duceert en dat pas met het wegebben van de opwinding helaas blijkt dat mijn energie zich nog altijd gewoon diep beneden het nulpunt bevindt. Onontkoombaar glijd ik terug naar de staat van flensje. Terug naar de cel waaruit ik dacht net ontsnapt te zijn. De gratie is ingetrokken. Ik ben nu een pijnvrij flensje, dat wel. Maar de afwezigheid van pijn is na een week of wat weer zó gewoon, dat je dat met de beste wil van de wereld niet eeuwig als bijzonder kunt beleven. Om er dankbaar voor te blijven is een grote en louter verstandelijke inspanning vereist. Jippie: vandaag doet er niets zeer. Wat onhebbelijk van mij dat ik allang niet meer de hele dag juich en dans. Maar net zoals geluk niet hetzelfde is als de afwezigheid van ongeluk, zo staat het feit dat je nergens pijn hebt nog niet gelijk aan een blakende gezondheid. Mijn brein beseft wel dat deze nieuwe ontwikkeling hoe dan ook een immense verlichting is en dat de ondermijning op dit punt nu tenminste is stopgezet. Maar de rest van mij ervaart alleen de nu ondraaglijke last van alles waarvan ik eveneens had gehoopt te worden verlost. Er komen dagen dat ik niet eens meer probeer 's ochtends op te staan. Opgerold lig ik in bed en wens het leven weg. Al die duizenden guldens voor niets uitgegeven – ik voel me een complete idioot. Ik pak een boek en leg het weer weg omdat de letters over de pagina hossen. Ik bestudeer het plafond. Ik wentel me op mijn zij en sluit mijn ogen. Nou, daar liggen we dan weer.

Maar er schijnen op het moment heel goede resultaten te worden bereikt met een nieuwe methode: je kunt je een liter bloed laten afnemen die dan met ozon wordt behandeld en vervolgens weer in je donder wordt teruggespoten. Het effect zou opzienbarend zijn.

Het moet te achterhalen zijn wie dat doet, en waar.

VIJFDE BEDRIJF

Ik loop in Amsterdam van het Centraal Station naar
het huis van mijn minnaar, een wandelingetje van
minder dan vijf minuten. Het is een mooie dag, ik
voel me goed. Het volgende moment zijn mijn
benen ineens van pap en ik val languit op straat. O
jee, daar lig ik weer voor aap, en ik lig in de weg
bovendien.
Men struikelt wel vaker, of men glijdt uit, daar
zouden we niet van op hoeven kijken. Maar zelfs
een stokoud dametje zie je na een val razendsnel
overeind komen, schichtig om zich heen kijkend in
de hoop dat er geen getuigen zijn. De sociale code
wil dat we opspringen en snel onze weg vervolgen.
Het geeft het straatbeeld iets verontrustends, zo'n
horizontale gestalte. Ik ben al door heel wat
gealarmeerde omstanders opgeraapt en weer naar
behoren op mijn voeten geplant. Ze doen dat haast
automatisch. Ongevraagd beginnen ze aan je te
sjorren. Staan zul je. Ook nu stapt er een jongen
van zijn fiets en buigt zich over me heen. 'Ben je
wel oké?' vraagt hij. 'Ja hoor,' zeg ik. Hij aarzelt
zichtbaar: waarom sta ik dan niet op? Ik denk: wat
zijn de mensen toch vermoeiend. Ik zeg: 'Ik blijf
alleen gewoon nog even liggen.'

De wereld is groot en onoverzichtelijk geworden – zelfs
mijn huis is een mijnenveld, vol meubels die net niet daar
staan waar ik ze verwacht, voorwerpen die met lood ver-
zwaard zijn en spijkerbedden waarop geen twee uur on-

onderbroken te slapen valt. In mijn werkkamer is het nog het veiligst, daar kun je je tenminste achter het bureau verschansen. Uren zit ik er op mijn nieuwe stoel te suffen en in het niets te staren. Vaak zit er tegenover me, aan de andere kant van het bureau, een van de kinderen uit mijn straat. Na schooltijd, als ik net mijn middagdutje heb gedaan, lopen ze bij me naar binnen voor een praatje. Ze zijn het beste gezelschap dat ik me in mijn huidige toestand kan wensen. Ze stellen nooit de hopeloze vraag 'Hoe gaat het met je?' en ze zijn dol op commando's die hen door een vreemd huis doen draven met een excuus om in onbekende kasten rond te neuzen: haal boven even een paar sokken, maak eens een lekkere boterham voor me. Het maakt niet uit wat ik vraag, ze hollen al. 'Blijf jij nou maar zitten, anders word je weer moe, Renaatje.' Bazig tutten ze met me om, ik ben de pop waarmee ze moedertje spelen, en sinds ik tot deze handzame proporties ben geslonken, ben ik meters in hun waardering gestegen.

Op een middag zitten we zo weer tegenover elkaar met thee en chocomel, een achtjarige en ik. We zuchten om het hardst, zij boven een tekening, ik op een hoofdstuk. We fronsen, we foeteren. We hebben het niet gemakkelijk. Dan gaat de bel. Mijn vriendinnetje flitst de trap af, vaag hoor ik beneden kinderstemmen en dan, kwakend daarbovenuit: 'Nee, jullie mogen niet naar boven, want we zijn aan het werk.'

Nog breed in de schouders van deze belangwekkende mededeling komt ze even later weer boven. 'Net op tijd,' zeg ik, 'zet de printer eens gauw voor me aan.'

Ze is een kind van knoppen, ze doet niets liever dan faxen en kopiëren en met computers spelen. Glimmend van ijver zet ze de printer aan. 'Daar komt ie,' zeg ik. Maar er gebeurt niets. Ik geef nog een keer het printcommando. Luid meldt meteen het kind: 'Er brandt hier ineens een rood lampje.' 'Geef er maar een mep op,' stel ik voor; ik heb het vandaag niet in me om op te staan. Er wordt gemept. Er wordt gescholden. 'Stom ding.' Zet hem maar even uit. En nou eerst eens met dat bakje papier schudden. Ja, zo. Goed gedaan. Kun je het er nu voorzichtig weer inschuiven? Nee, een beetje schuin houden. Knappe meid. En nu de printer weer aan. 'Nou brandt er weer een ander lampje,' roept ze. Inwendig kermend sleur ik mezelf overeind. Ik verzamel mijn krachten, trek de kap van het vermaledijde apparaat en werp een moedeloze blik in het inwendige. De papiertoevoer is verstopt. Ik kan er niet bij, de cartridge moet er eerst uit. Mat zeg ik: 'Hij is stuk.'

Verbaasd kijkt ze me aan. 'Dan maak je hem toch!'

'Ga weg, engerd,' zeg ik met gesloten ogen waarachter schelle lichtflitsen heen en weer schichten. 'Toe nou,' zegt ze, haar paardestaart naar achteren zwiepend, 'als jij op dat blauwe dingetje drukt, dan gaat dat stuk daar los en dan kan ik het omhoog trekken.'

Met moeite overwin ik mijn tegenzin. Als me niet door een achtjarige het mes op de keel was gezet, had ik de dealer gebeld en een reparateur laten voorrijden – voor een klusje van drie minuten. Ik kan me niet heugen wanneer ik voor het laatst een schroevedraaier in mijn handen heb gehad, ik zie tegenwoordig overal op voorhand al zo tegenop, dat ik niet eens meer een poging doe zelf een mankement te verhelpen. Ik ben immens lui geworden.

En mijn daadkracht is bepaald niet het enige dat ik me heb laten ontglippen. Vroeger was ik, om maar wat te noemen, ook veel attenter voor anderen. Ik was een echte padvindster: elke dag een goede daad. Nu ben ik bij voorbaat al geëxcuseerd. Anderen zeggen sussend: 'Maar je kunt het toch niet *helpen*?', alsof daarmee de hele kwestie is afgehandeld. Iemand die een been kwijtraakt kan dat meestal zelf ook niet helpen, maar daarom mist hij zijn been nog wel. Ik stel met weemoed vast dat ik voorheen gewoon aardiger en hartelijker was, net zoals ik ook handiger, flinker en voortvarender was.

Je beseft dat in het begin gelukkig nog niet, maar een chronische ziekte blijkt een toestand van voortdurend verlies te zijn: verlies van mogelijkheden en vaardigheden, van greep op het leven, van praktische en materiële zekerheden, van sociale contacten, van spontane actie, van vertrouwde bezigheden, van bewegingsvrijheid, van gevoel van eigenwaarde. Zelfs nu de maanden ongemerkt jaren beginnen te worden, kan ik me nog altijd niet bij die verliezen neerleggen. Een ander zou misschien ter compensatie bedenken dat het leven er in elk geval geconcentreerder door is geworden, ontdaan van zinloze franje, of misschien zelfs op een bepaalde manier avontuurlijker. Zo iemand ben ik niet: ik vind het bestaan tegenwoordig voornamelijk leeg, saai, plat, onvervuld en vaak behoorlijk angstaanjagend. Er gaat geen dag voorbij die me niet op de een of andere wijze herinnert aan alles wat ik tegenwoordig mis, en vaak speel ik het sombere spel getiteld: wat mis ik het meest? Het antwoord daarop is erg eenvoudig: het vermogen om gewoon ergens van te genieten. Je belazerd voelen blijkt een toestand die nooit went. Net als jeuk is acuut onwelbevinden steeds prominent aanwezig, als een niet af te schudden doem over al je bezigheden. Je zit niet lekker, je staat niet lekker, en liggen is nog het ergste.

Mijn laatste roman, *Het Hemelse Gerecht*, is een succes, en ik zie het met droge ogen aan. In plaats van blij te zijn dat ik dat boek aan mijn ziekte heb weten te ontwringen, beschouw ik het als een besmet werkstuk. Ik weet van elke letter nog pijnlijk precies hoe ik hem voor de poorten van de hel heb weggesleept. Ik kwel mezelf met de zinloze vraag hoe dit boek geworden zou zijn als ik gezond was gebleven. Het is mijn werk niet, het is het werk van die ander, die insluipster, die ik liever vandaag dan morgen kwijt zou zijn. Des te verwarrender is het dat mijn uitgever meldt dat morgen het vijftigduizendste exemplaar wordt gedrukt.

Er is een tijd geweest waarin ik in een badkuip vol champagne zou zijn gesprongen bij die boodschap. Nu denk ik alleen maar: godlof, financieel is de druk even van de ketel. Werktuiglijk ben ik aan een nieuw boek begonnen, *Ontaarde moeders*, waar ik ook al geen klap aan vind. Ooit was ik een van die gelukkigen die graag schrijven, nu ploeter ik als een dwangarbeider. Ik schrijf met moeite en tegenzin, maar ik moet blijven schrijven, anders desintegreer ik. Al mijn andere werkzaamheden zijn vervallen, ik schrijf geen columns meer, ik maak geen interviews meer, ik zit niet meer in besturen en commissies, ik ga niet meer naar Enschede voor een lezing of naar Appelscha om in een forum zitting te hebben. Ik schrijf mijn nieuwe roman om niet het gevoel te hebben dat ik in rook ben opgegaan.

Ik zeul mezelf van de ene alinea naar de andere, van de ene week naar de volgende. Alles lijkt stil te staan, er zijn geen momenten van groei of verandering, van stimulerende nieuwe inzichten of inspiratie, en zelfs dat stationaire leven kost me van de vroege ochtend tot de late avond vaak een haast bovenmenselijke inspanning. Soms heb ik het gevoel dat ik sta voor een taak zonder einde of genade: ik moet hier op de een of andere manier weer schot in zien te brengen, maar bovenal moet ik mezelf opnieuw leren kennen en begrijpen, ik moet mijn armetierige gedachten en mogelijkheden serieus nemen, ik moet vrede sluiten met deze schim van wie ik vroeger was.

Maar laat ik nu net uitgenodigd worden om naar Amerika te gaan.

Het *International Writing Program* van de *University of Iowa* stelt auteurs van over de gehele wereld elk jaar drie maanden in de gelegenheid zich in Iowa City in alle rust aan hun werk te wijden. Hoewel er workshops en readings worden georganiseerd, is deelname daaraan strikt facultatief. Alle schrijvers worden gehuisvest op de bovenste verdieping van een studentenflat, de Mayflower, zodat voor wie dat wenst, sociaal verkeer niet meer organisatie kost dan het oversteken van de gang. In het gebouw is een huishoudster aangesteld om op het levensgeluk van de deelnemers toe te zien en hun alle praktische zorgen uit handen te nemen.

Nirwana!

Ik ben niet weinig in de wolken over het vooruitzicht van mijn reis. Ik heb weliswaar geen idee hoe ik mijn bagage aan de andere kant van de oceaan moet krijgen, laat staan mezelf, maar dat doet niets af aan mijn opwinding. Eindelijk dat afschuwelijke huis weer eens uit, weg van deze vier muren. Maarten biedt aan me weg te brengen, maar ik sla zijn hulp af: ik ga alleen, als een normaal mens. Soms word ik er dol van om vrijwel alles onder begeleiding te moeten doen. Als je ME hebt ga je er haast nooit meer zelfstandig op uit, zoals je ook nooit meer spontaan een straat oversteekt. Eerst links kijken, dan rechts, dan weer links: is de kust veilig genoeg voor een oversteek in slakkegang? Daar word je voortijdig oud van.

Het geeft niet dat ik uiteindelijk als een emmer snot in Iowa City aankom: sluw heb ik ervoor gezorgd ruimschoots vóór de aanvang van het programma te arriveren: ik hoef niets, ik kan rustig bijkomen van de reis. In mijn appartementje lig ik op bed en bestudeer met animo het plafond, dat zulke andere barsten vertoont dan mijn plafond thuis. Soms kijk ik uit het raam en denk: daarbuiten ligt Amerika.

De Mayflower is nog uitgestorven. De studenten die de zeven andere etages bewonen, arriveren pas over een dag of tien, en van de schrijvers die uit alle windrichtingen zullen toestromen, is tot nu toe alleen de Finse dichteres aanwezig. We zitten met ons tweeën in een gebouw dat duizenden mensen zal huisvesten: we lopen elkaar niet in de weg. Dagenlang soes ik ongestoord in mijn kamer, vaak val ik neuriënd in een halfslaap om met een ongekend gevoel van gelukzaligheid weer wakker te worden. Pas na ongeveer een week dringt tot me door welke last ik van me heb afgeworpen door naar de Verenigde Staten te komen. In het kolossale lege flatgebouw voel ik me voor het eerst in jaren niet meer zo godverlaten alleen.

Langdurig ziek zijn is een vereenzamende bezigheid. Het eerste dat je daarvan merkt, is het feit dat je al snel ieder *wij-gevoel* ontbeert: je werkt niet meer gezamenlijk aan projecten, je onderneemt geen gezamenlijke activiteiten meer, je smeedt geen gezamenlijke komplotten meer. Je raakt los van grotere verbanden. Verbluffend snel hoor je nergens meer bij. Je drijft maar zo'n beetje in je eentje van de ene klip naar de andere, in de wetenschap dat iedere dag reeds ruimschoots genoeg heeft aan zijn eigen kwaad.

Een chronisch ziekbed isoleert niet alleen doordat het je beperkt in je sociale mogelijkheden, je belandt bovendien op een andere planeet dan die van je medemensen. Mijn zorgen en preoccupaties zijn van een zó geheel andere orde dan die der gezonden, dat ze vaak nauwelijks mee te delen zijn. Ik moet bijvoorbeeld door omzichtig beleid zien te voorkomen dat ik non-stop onder stroom sta, ik moet een methode verzinnen om de vuilnisemmer het huis uit te krijgen, of anders ben ik wel in de ban van de bezweringen die het mogelijk maken dat ik hier domweg zit. En tegenover mij zit een vriendin te oreren over politiek of over de uitverkoop. We zijn lichtjaren van elkaar verwijderd; ik weet dat, zij niet. Want hoe kan een gezond mens zich ooit voorstellen wat mij bezighoudt?

Bovendien betrap ik me dikwijls op aperte afkeer om over mijn wonderlijke besognes of mijn eindeloze gekwakkel te praten. Ik heb het dus beslist aan mezelf te danken dat er nog amper mensen zijn die weten wat er in me omgaat en wat ik op een gemiddelde dag zoal meemaak. Maar zoals Caroline een keer terecht zei: 'Je wordt doodongelukkig als je telkens moet uitleggen wat die ziekte voor je hele leven betekent – ik wil er helemaal geen betekenis aan geven, ik laat voor mezelf liever in het midden wat ik nou allemaal wel of niet kan en hoe lang dat misschien nog gaat duren.'

Wat ons ook tot geringe mededeelzaamheid drijft, is het imago van onze ziekte. We zijn allebei nogal op onze hoede voor rare reacties. Dat wantrouwen is even isolerend als reëel. Mensen hebben de eigenaardigste commentaren op ME. Ik ken ME-patiënten die op een verjaardagsfeestje nooit hardop zullen zeggen wat er met hen aan de hand is. Desgevraagd antwoorden ze te lijden aan een aandoening van het centraal zenuwstelsel, of aan een afweerstoornis. Soms heb ik die neiging ook.

Mensen met wie je intiemere banden hebt, vormen weer een heel ander probleem. Ik merk nu pas hoe grievend het aanvankelijke ongeloof en onbegrip van mijn omgeving is geweest. Het is in mijn eigen belang om mijn wrevel daarover te overwinnen, maar hoe doe ik dat? Hoe voorkom ik in 's hemelsnaam dat dit blijvend tussen ons in komt te staan? Dat is een vraag waarop ik het antwoord niet weet. Het is een kwellende vraag. Want in tegenstelling tot wat ik vroeger dacht, blijk ik geen enkel talent voor eenzaamheid te hebben.

Vroeger huurde ik vrijwel jaarlijks op een willekeurig Schots eiland een huis waaraan ik maar één eis stelde: het moest op een verlaten kaap staan. Zonder ander gezelschap dan wat meeuwen en een kolonie zeehonden bracht ik daar dan in volle tevredenheid enkele maanden door. Ik beklom de kliffen, ik tuurde door mijn verrekijker, ik hakte hout en bakte brood en werkte aan een boek en was dag in dag uit domweg gelukkig. Ik voelde me onthecht en verheven. Ik beklaagde mensen die anderen nodig hadden voor hun levensgeluk. Ik vond mezelf een hele piet.

Maar er bestaat uiteraard nogal een verschil tussen zelfverkozen afzondering en het isolement dat een langdurig ziekbed met zich meebrengt. In het eerste geval is eenzaamheid weelde, in het tweede bittere armoede. Meer dan ik mezelf meestal wil toegeven, voel ik me de laatste tijd in emotionele zin behoeftig, berooid, een gevoelsmatig Meisje met de Zwavelstokjes. Ik zou dolgraag bij mijn medemensen willen horen, maar ik ben momenteel zo *anders* dan zij, en voor een beetje verstandhouding heb je nu juist raakvlakken nodig. Op Caroline na is er niemand met wie ik nog een gelijkwaardige verhouding heb. Tegenover andermans rijkdom aan mogelijkheden, ideeën en vitaliteit is mijn inbreng nihil, mijn aandeel te verwaarlozen. Voor een tijdje geeft dat niet, maar op lange termijn is het moeilijk om niet ten prooi te vallen aan gevoelens van minderwaardigheid, van subhumaniteit zelfs, op duistere momenten. Het in vrijwel geen enkel opzicht meer mee kunnen komen, wordt op den duur zo pijnlijk en confronterend, dat je er eenkennig van wordt, en dan is de cirkel rond.

Misschien ben ik wel vooral hierom naar Iowa gekomen, naar een deel van de wereld waar ik met niemand iets te maken heb: om er eens een tijdje niet aan te worden herinnerd dat ik iets ben kwijtgeraakt dat altijd heel belangrijk voor me is geweest: het vermogen tot wezenlijke verbondenheid met anderen.

Hoe men onder deze omstandigheden een intieme relatie met een geliefde in stand houdt, is trouwens knap raadselachtig. Of, om de vraag om te keren: waarom zou iemand momenteel zijn lot aan het mijne verbinden? Laten we wel wezen: wat is er met die man van mij aan de hand dat hij valt op een dweil? Hij heeft me nooit levenslustig gekend. Hij is verliefd geworden op een hulpeloze stakker. Is hij er soms zo een die zijn partners liefst een paar maten kleiner heeft dan hij zelf is? Hij moest eens weten hoe ik eigenlijk ben! Met wat een geweldige vaart zou hij er dan vandoor gaan! Het is die ander die zijn hart gestolen heeft, dat afhankelijke poppetje, dat bekoorlijk breekbare vrouwtje dat er niet moe van wordt met tranen in haar ogen te vragen: 'Hou je van me?'

Wat ben ik een opsteker voor mijn minnaar. En wat gezellig voor hem dat ik wel zestien keer per dag wil vrijen. Ik heb mijn leven lang nog niet zoveel zin in seks gehad als nu. Ik zal geen gelegenheid laten lopen om plezier te beleven aan mijn lichaam, dat me verder zoveel narigheid bezorgt. Wat een cadeautje ben ik: willig in bed en verder tot niets in staat.

Maar ben ik het eigenlijk niet aan mezelf verplicht een man die dit alles kennelijk hogelijk waardeert, de deur te wijzen?

Volgende probleem: dat kan ik niet. De verdachte bezit namelijk een groot aantal eigenschappen die hem bijzonder geschikt maken om mijn leven te delen. Ik wil hem vanwege hemzelf niet kwijt, en, zo besef ik op een dag ineens, ik wil hem ook niet kwijt vanwege mij: ik vind mijn lijst van verliezen al lang genoeg; zonder hem wordt het helemaal een arctische toestand. Lieve hemel, is het hellende vlak hiermee niet definitief bereikt? Beminde gelovigen, dit gaat *niet* goed.

Heen en weer geslingerd tussen tegenstrijdige en onduidelijke emoties, snik ik het ene moment: 'Blijf je bij me?' en ga ik het volgende tekeer om niks. Ik drink een paar glazen jenever om mezelf te smeren en werp hem dan de meest fantastische verwijten voor de voeten. Het is wonderbaarlijk hoe zo'n uitbarsting het ego versterkt: als ik aan het tieren ben voel ik me op slag formidabel. Maar later, alleen in mijn eigen bed, huil ik van schuldgevoel, de meest onnutte en gratuite van alle emoties, en bedenk betuigingen van vurige spijt. Oh, waarom gedraag ik me niet? Omdat ik door die smerige ziekte niet meer de baas ben over mijn eigen stemmingen.

Maar bij god, wat heb ik nou voor afschuwelijke gedachten? Straks word ik nog zo iemand die elke hindernis in het bestaan en ieder feilen in haar karakter ophangt aan haar ziekbed, en die zich op grond daarvan altijd maar verontschuldigd acht voor haar gedrag. Ik leef toch heus al lang genoeg om te weten dat de liefde zelden louter over rozen gaat en dat overgave vrijwel altijd gepaard gaat met duistere woelingen – daar heeft niet fit zijn op zich weinig mee te maken. We gaan er geen janboel van maken, alleen maar omdat we ME hebben. In de zwemvesten. Redden wat er te redden valt.

Ik verzend rode rozen en liefdesfaxen. Ik neem mezelf in de houdgreep en gedraag me voorbeeldig, voortreffelijk zelfs. De algemene stemming klaart evenwel niet op. Mijn arme minnaar maakt intussen net zo'n afgematte indruk als ik. We praten totdat we blaren op onze tong hebben. We zwijgen. We zuchten. We gaan uit eten en ik huil in de soep. We gaan samen in bad en het water is te heet. Wat we ook ondernemen, het wordt een ramp. We beginnen verstandig te overwegen of we er maar niet mee moeten ophouden. Ontzet staren we elkaar aan. We broddelen en tobben voort. Totdat hij op een dag zichtbaar een flinke hap lucht neemt en zegt: 'Het is voor mij ook niet altijd even gemakkelijk dat jij niet gezond bent.'

Ik heb de sensatie dat de wereld een moment stilstaat. Zie je wel! Maar voordat ik in tranen kan uitbarsten, flitst er iets heel anders door me heen. Ik denk: *dit heeft nog nooit iemand tegen me gezegd.* Dat is heel curieus. Iedereen om me heen moet immers in meer of mindere mate last en ongemak hebben van mijn ziekte. Stuk voor stuk hebben mijn vriendinnen weinig meer aan mij, terwijl ik hun wel een hoop extra inspanning bezorg. Ongevraagd zijn zij plotseling met een halve invalide opgescheept.

Waarom hoor ik er nooit een mens over hoe vervelend dat allemaal is? Willen ze me daar soms niet mee lastig vallen? Ben ik iemand geworden die men maar zoveel mogelijk ontziet? 'Het is allemaal al sneu genoeg voor haar'? Tel ik verder niet meer mee? Hebben ze me al grotendeels opgegeven? Allemachtig. Als ik een gebruiksaanwijzing voor het verkeren met langdurig zieken zou moeten schrijven, zou ik dan niet om te beginnen deze vernederende spelregel schrappen: *de patiënt moet ontzien worden*?

Maarten kijkt me na zijn onthulling afwachtend aan. Hoe heb ik ook maar een tel kunnen denken dat hij voordeel zou hebben bij mijn staat van dweil? De nevels in mijn hoofd trekken op. Ik knik. Ik zeg: 'Ja, dat is vanzelfsprekend.' Op hetzelfde moment voel ik hoe er een accent verschuift en mijn ziekte ineens een omstandigheid wordt die we gezamenlijk betreuren, in plaats van een onneembare muur tussen ons in. We kunnen elkaar weer zien. We glimlachen een beetje bleek. 'Maar van mij ben je nog niet af, hoor,' zegt hij.

Misschien ben ik ook daarom wel naar Iowa gekomen: om me een tijdje een gewoon mens te voelen, in plaats van een patiënt die onvermijdelijk met enige omzichtigheid tegemoet getreden wordt.

In de Mayflower komt het leven inmiddels snel op gang. Uit alle werelddelen arriveren auteurs, elke dag brengt wel een nieuw gezicht. Met het oog op de staat van mijn geheugen houd ik nauwgezet lijsten bij van de namen van de nieuwkomers, en repeteer die van boven naar beneden en weer terug. Ik hang ze boven mijn bureau. Ik hang ze boven mijn bed. Als ik ze me uit het blote hoofd voor de geest probeer te halen, merk ik na een tijdje meestal dat ik domweg de tafel van zes lig op te zeggen. Vooruit hersens, doe nu eens even mee. Rahman bin Shaari, Maleisië (poëzie); Ahmed El-Shahawi Ibrahim, Egypte (poëzie);

Kiyohiro Miura, Japan (fictie); Taufiq Ismaël, Indonesië (poëzie); Tunde Fatunde, Nigeria (theater), die is makkelijk, die onthoud ik wel, Tunde Fatunde Tunde Fatunde, net een drum. Nu krijg ik Tunde Fatunde niet meer uit mijn hoofd. Nise Malange, Berj Zeytountsian, dinges Salamanca Castillo, en die aardige jongen met die gitaar uit Mozambique, ik krijg ze met geen macht ter wereld meer anders gecatalogiseerd dan als Tunde Fatunde. Tunde Fatunde zelf is inmiddels met een delirium in het ziekenhuis beland, daar heeft hij vaart achter gezet. Heb ik ze nou allemaal? Nee, weer een nieuwe heer spreekt me aan bij de lift: 'Hi, I'm Chawwels from Zimbabwe.'

'Oh hello Chawwels,' zeg ik plezierig.

'No, it's *Chawwels*,' corrigeert hij.

'Chawwels,' imiteer ik nauwgezet.

Uit een hoek schiet iemand ons te hulp (Shihab Sarkar? Gemino Abad? Tunde Fatunde Tunde Fatunde.) 'His name is Charles,' souffleert hij. 'Right,' zeg ik, en breid mijn lijst uit met Charles Muzova Mungoshi, Zimbabwe (spraakgebrek).

Ik krijg een Mexicaanse romanschrijver als buurman, en ontwaak voortaan elke ochtend van het stimulerende geratel van zijn schrijfmachine. Ook mijn eigen appartement gonst inmiddels van de bedrijvigheid; ik heb onverwachts een *room-mate* gekregen in de persoon van de Koreaanse dichteres Hahm Hye-Ryon, die aan de keukentafel een groot werk over de Iowa River componeert. Telkens als ik de keuken binnenkom, waar het vet en het vuil van generaties schrijvers aan de muren en de pannen zit gekoekt, onderbreekt zij de arbeid om mij te vragen waarom wij in het westen geen eerbied voor ouderen hebben, of hoe het bestaat dat ik geen kinderen heb. 'You always little girl,' zegt ze misprijzend. Haar Engels is beperkt, maar haar vindingrijkheid is groot. Als zij het bijvoorbeeld koud heeft, opent ze bij gebrek aan woorden het vriesvak van de koelkast en wijst op de ijzige aanslag. Op deze manier slagen we erin heel wat belangrijke onderwerpen en vele zaken van het hart te behandelen.

Eens per week rijdt er een busje van de universiteit voor, en gaan noord, oost, zuid en west gezamenlijk inkopen doen in de supermarkt. Het is een uitputtende onderneming, aangezien het overstelpende aanbod menigeen tot besluiteloosheid drijft. Op die vrijdagochtenden heb ik vaak het gevoel dat ik voor geen ander doel geboren ben dan voor het verklaren van pindakaas en Pepperidge Farm Cookies. 's Middags is er een interessant vertaalcollege, maar dan lig ik bij te komen van een miljoen verschillende soorten chips en het verschil tussen low-fat en skimmed milk. Ik benijd Maria Pilar Donoso uit Chili, die ons elke vrijdagochtend triomfantelijk uitzwaait met de woorden: 'I'm not going, I have a heart-condition!'

Men ziet niet vaak mensen die zo in hun nopjes zijn met een fysieke afwijking als Maria Pilar Donoso. Haar hartkwaal, vindt ze, heeft de kwaliteit van haar leven dramatisch verbeterd. Tot het moment dat ze ziek werd, was ze de sloof van haar gezin, met het spreekwoordelijke gebrek aan ruimte voor zichzelf dat daar meestal het gevolg van is. Maar daar kwam verandering in toen haar hart het dreigde te begeven. Haar man en kinderen moesten haar laten rusten, elke inspanning was door de dokter verboden, ze mocht zich niet meer met haar grote, drukke huishouden bemoeien. Sedertdien, zegt ze, heeft ze meer bereikt dan in heel het leven daarvóór. Door haar arts geïnstrueerd alleen nog maar activiteiten te ondernemen waar ze zelf zin in had, ging ze de journalistiek in en publiceerde ze onlangs haar eerste boek. 'Is het niet erg,' vraagt ze stralend, 'dat vrouwen eerst ziek moeten worden voordat zoiets mogelijk is?'

Terwijl ik dat laatste nog volmondig sta te beamen, ben ik in gedachten al bezig mijn eigen situatie in dit licht te bezien. Mijn ziekte heeft me niet gered van de eisen van een gezin. Bevindt de redding zich voor mij dan op een ander, nog onontdekt terrein? Ik heb mensen genoeg om me heen die vinden dat het voor mij hoog tijd was om 'eens aan mezelf toe te komen'. Maar zelfs als ik me over mijn kinderachtige hekel aan deze schimmige terminologie heen zet, blijft het een onmogelijke opgave: ik houd mijn leven momenteel juist draaglijk door zo min mogelijk bij mezelf stil te staan. Ook 'het toekomen aan andere dingen', zoals deel twee van het advies vaak luidt, lukt me niet. Uit welke bron zou ik de krachten moeten putten om me plots met hart en ziel op bloemschikken te storten, niet-westerse filosofen te lezen, deeg voor een huiselijke kersentaart te kneden of me te verdiepen in het ritme der hemellichamen, als de beslommeringen van het dagelijks bestaan me al boven de macht gaan?

Maria Pilar Donoso is er het wandelende bewijs van dat ziekte grote winst kan bevatten – maar het lijkt me geen gering detail dat zij voordien een leven leidde dat haar benauwde en beknotte. Voor mij geldt dat niet, al kun je natuurlijk nooit uitsluiten dat er bij mij factoren aan de orde waren die mij *onbewust* beknotten en benauwden. We kunnen niet voorzichtig genoeg zijn. We doen ons uiterste best een *open mind* te houden. Want natuurlijk wil ook ik in de grond niets liever dan tenminste nog enige winst in de situatie ontdekken. Dat is iets wat de mensen die vinden dat je niet zo moet rebelleren tegen je lot, nogal eens over het hoofd zien. Het zou immers in mijn eigen voordeel zijn als ik mooie en heilzame kanten aan mijn ziekbed bespeurde. Maar tot op heden heb ik mijn compensatie, mijn beloning, mijn pot met goud niet gevonden.

En ik heb ook niet helemaal voorzien wat het samenleven met dertig andere personen zou impliceren. Die Hye-Ryon bijvoorbeeld, die heeft wel erg veel energie voor iemand van zestig. Op eigenaardige uren rent ze bij me naar binnen, in extase naar het venster wijzend: 'Nice moon!' Of:

'Nice clouds!' Of: 'Nice snow!' Elke ochtend staat ze om half zeven zingend onder de douche, op drie meter afstand van mijn slapende hoofd. Daarna gaat ze in de keuken een tijdje met de vette pannen smijten. En net als de rust weerkeert, begint die bezeten Mexicaan aan de andere kant van de muur op zijn schrijfmachine te beuken. Ook hij valt graag onaangekondigd mijn kamer binnen en grijpt me bij mijn schouders: 'You know I love you?'

'Yes, Rafael,' zeg ik vol berusting: in vredesnaam geen debatten.

Op de gang dreunen hordes wilde beesten rond, lachend en schreeuwend; telefoons rinkelen, televisies brullen, vlagen reggae-muziek komen uit open deuren, vele malen daags ligt er iemand languit op de gang luide tot Mekka te bidden, drinkgelagen vinden plaats, er worden nationale liederen gezongen, er wordt gedanst, Nicaragua pleegt ongewenste intimiteiten en Finland barricadeert haar deur, Zuid-Afrika zoekt ruzie met Bangladesh, Mexico schrijft nog een halve roman, en Nederland bijt in haar kussen.

Optredens, lezingen uit eigen werk, panels, radio- en televisie-interviews, hoorcolleges, sessies met studenten, ontvangsten, forums, films: elke week een nieuwe lijst, op fleurig papier. 'I have to finish my novel,' lieg ik. Ik blaf mijn room-mate af als ze me komt wijzen op de *nice stars*. Tegen de leiding klaag ik: 'I thought room-sharing went out with the Ark.' Mijn hoofd kookt. Ik koop een walkman om me te kunnen afsluiten voor het kabaal. Ik koop een fles whisky. Ik koop nog een fles whisky. Uren zit ik achter mijn bureau, uitkijkend op de mistige Iowa River, te drinken om alles en iedereen uit te wissen. 'Godverdomme!' tier ik tegen de muur waarachter Rafael tikt. Tunde Fatunde Tunde Fatunde Tunde Fatunde. Ik drink nog wat. Ik drink me een hersenverstomping. Ik drink me in feite een hersenverstomping om weer even van mezelf verlost te zijn, om het bestaan van die sukkel te vergeten die niet kan meekomen met de activiteiten en de festiviteiten van het International Writing Program.

Maarten komt me, drie weken voor het einde van het programma, ophalen. Hij pakt mijn koffers in, hij draagt mijn computer, hij belt een taxi, op het vliegveld checkt hij ons beiden in. Voetje voor voetje schuifel ik achter hem aan. Hoe ben ik twee maanden geleden ooit zelfstandig in Amerika beland? Ik kan amper meer lopen.

Een vriendin van me heeft in Florida een strandhuis gehuurd waar wij van harte welkom zijn – je weet maar nooit, een beter klimaat, volledige rust, een beetje drijven in een lauwe zee. We beginnen met in Chicago bij het overstappen al onze bagage kwijt te raken. Het lukt me niet op te geven om hoeveel koffers het ging, hoe die eruit zagen of waar ik de komende dagen te bereiken ben. Het kan me ook geen lor schelen.

Eenmaal in Fort Meyers wordt de toestand weinig beter. Het gefladder van de pelikanen boven het strand zegt me niets, de dolfijnen die elke avond in de schemering in de branding buitelen irriteren me met hun vrolijke gedoe, en de alligators langs de kant van de weg bijten me voor mijn part een been af. De hele dag lig ik op een bedje op de houten veranda en leef pas op als de flessen op tafel komen. Een wandeling naar een bar is de enige beweging waartoe ik te motiveren ben. Ik drink cocktails die *Flaming Orgasm* en *Bra's Opener* heten en rol me later in bed op tot een bal als Maarten me aanraakt. Dat laatste geeft me trouwens eindelijk te denken.

In elkaar gedoken tegen een van de palen van het strandhuis, sla ik mijn vriendin gade terwijl ze met haar man en dochtertje een zandkasteel bouwt. Ik heb de sensatie dat er een grote glazen stolp over me is neergedaald, die me onverbiddelijk van hen scheidt. Ik begraaf mijn tenen in het zand en haal ze weer omhoog. Terwijl ik naar de glinsterende korrels staar die over mijn huid glijden, dringt als een mokerslag tot me door wat er met me aan de hand is. Door naar Amerika te gaan moet ik onbewust hebben getracht mijn ziekte te ontvluchten. Dat zal de geheimste van mijn geheime agenda's zijn geweest, de ware reden om deze reis te ondernemen. Een reden zó gespeend van iedere realiteitszin, dat ik hem diep voor mezelf in het vooronder verborgen heb weten te houden. Maar nu is de geest uit de fles, en hier zit ik, tot in mijn merg afgebeuld, zieker dan ooit, opgeschroefd, kapot geforceerd, doorgedraaid, en bovenal beroofd van de illusie die me al die tijd gaande heeft gehouden. Op dat verlies, het zoveelste in de rij, ben ik bezig geheel volgens het boekje te reageren: ik sta op het punt weg te zinken in een klassieke depressie.

De pelikanen, het zandkasteel, de dolfijnen, het kwebbelende dochtertje van mijn vriendin, ze zullen pas weer allemaal uit de mist tevoorschijn komen als ik er op de een of andere manier in slaag dit verlies onder ogen te zien en te erkennen dat ik domweg met lege handen zit, in plaats van mijn zinnen nog langer te begoochelen.

Ongeveer tien jaar geleden verkeerde ik, na de zelfmoord van mijn jongste zusje, in een vergelijkbare toestand van apathie. Het enige antwoord op dit verlies zou verdriet geweest zijn, en het juiste antwoord op verdriet is rouw, maar mijn verdriet om mijn zusjes dood werd lange tijd afgedekt door een verschrikkelijke, nietsontziende woede omdat zij, alles en iedereen om zich heen veronachtzamend, de dood had verkozen boven het leven. Met woede jegens een overledene begint men verder weinig, en omdat een dergelijke kwaadheid ook niet erg kies lijkt, is het gevaar groot dat men die tegen zichzelf gaat richten of dat ze op een andere manier naar binnen slaat, zoals hulpverleners dat noemen.

De reden waarom ik destijds niet onbevangen om het verlies van mijn zusje kon rouwen, blokkeert nu ook mijn rouw om de verliezen die bij een chronische ziekte horen: ik ben wederom zo godstabernakels kwaad. En opnieuw is dit een woede die zich niet laat ontladen aangezien ik wel in erg brede zin kwaad ben op het lot en op het leven. Bovendien zit er ook nu weer iets ongeoorloofds aan die woede. Want hoewel menigeen zich in theorie vast wel iets kan voorstellen bij die razernij, is de praktijk op dit gebied toch meer van zalven en afdekken. Ik althans heb de laatste jaren nooit iets anders vernomen dan dat ik maar het beste kan leren 'ermee te leven', zoals dat heet. 'Verzet kost alleen maar energie.'

Mijn huisarts klopt me van tijd tot tijd hartelijk op mijn schouder en vraagt dan met een gezicht alsof hij de olie van zijn auto peilt: 'En? Staat het ondertussen allemaal al wat minder ver van u af?' Haal binnen die kwaal en omhels hem, is zijn motto. Niet alleen in de kringen van holisten slaat men baarlijke psychologische nonsens uit, ook reguliere artsen en specialisten kunnen er wat van.

Eerste Wet van Dorrestein: een ziekte omhelst men niet, die bevecht men. Want van omhelzing komt maar versmelting, met als uiteindelijk resultaat dat je met huid en haar je ziekte *wordt* en als persoon daarachter verdwijnt. Ik ben geen ME, ik heb het alleen maar. Daarom is het, wanneer je niet gezond bent, ook zo belangrijk om lichaam en ziel uit elkaar te houden. De holisten betichten je van angst, weerstand en neurotisch gedrag als je dat doet. *Tant pis.* Wat nog intact is, wil ik gescheiden bewaren van de gebieden waarin afbraak plaatsvindt.

'Maar u zult dit vroeger of later toch echt moeten accepteren,' zegt mijn huisarts.

Ik zou niet weten waarom. Werkelijk, wat een ridicuul advies. En wreed bovendien. Want sommige dingen zijn eenvoudig onacceptabel, punt uit. Grote delen van jezelf kwijtraken aan een uitzichtloze, invaliderende en debiliserende ziekte is zoiets. Dat valt domweg niet te slikken.

Het is verbazend hoeveel lucht die constatering kan

schenken. Want wat zou men zichzelf gaan zitten martelen om het onaanvaardbare met alle geweld te aanvaarden? Verzet mag dan inderdaad energie kosten, een onmogelijke opdracht is waarachtig niet minder uitputtend.

Ik erken dat ik ziek ben, ik zal daar in het dagelijks leven rekening mee moeten houden, maar de ziekte zelf blijft een even ongewenste gast als de aangeknaagde vogels die mijn poezen soms naar binnen slepen. Ik kan in de sferen van praktische oplossingen wat soelaas zoeken, maar accepteren, daar beginnen wij niet aan. Want in wiens belang zou die acceptatie zijn? Zo te horen voornamelijk in het belang van een samenleving die van ziekte de stuipen op het lijf krijgt en die elk spoor daarvan dus zoveel mogelijk uit het beeld drukt. In onze cultuur bestaat zó'n onwil om de kwetsbaarheid van de mens onder ogen te zien, dat degenen die die kwetsbaarheid zichtbaar maken, de zieken, de gehandicapten en in zekere zin ook de ouderen, moreel verplicht worden net te doen alsof er niets aan de hand is. Accepteer je kwalen! Leer ermee leven! En val ons er verder niet mee lastig! Oh, wat verlang ik soms naar stinkende pusbuilen om al die betweters onder de neus te wrijven. Hoe jammer dat ik geen geamputeerde stompen heb waarmee ik schrik en afgrijzen kan zaaien. Ik ben niet gezond, maar ik weiger om daarom ook maar meteen onzichtbaar te worden. Als ziekte in onze samenleving kennelijk zoiets onacceptabels is, waarom zou ik, de patiënt, ziekte als enige dan wel accepteren? Wat een lariekoek. Pas zodra de natie, of laat ik spreken als paneuropeaan: pas zodra Europa ziekte omhelst, omhels ik mee, en eerder niet.

'Ga naar je pijn,' schrijven hulpverleners voor. 'Vlucht niet voor de werkelijkheid.' Maar ik zou wel eens willen weten wie er hier nu echt op de vlucht is, en voor wat.

Wat niet wegneemt dat ik thans moet erkennen dat ik tijdelijk verslagen ben. Als ik mezelf niet onder de verdo-

ving van alcohol houd, breekt het zweet me bij voortduring uit: ik houd het niet meer vol. Ik heb vermoedelijk
nog jaren voor de boeg, en ik weet niet eens hoe ik dit
ene uur, dit ene kwartier, deze ene minuut moet doorko-
men. Ik breng het niet meer op om ziek te zijn.

Ik neem mijn ongenode gast, mijn onvervreemdbare ge-
zel, die ik over de halve wereld met me heb meegesleept,
van Amerika weer mee naar huis.

De dag na aankomst laat ik me opnemen in een ziekenhuis.

ZESDE BEDRIJF

Een kennis publiceert zijn eerste boek en vraagt of
ik het ten doop wil houden. Allicht wil ik dat. Niets
is feestelijker dan het verschijnen van je eerste boek.
Ter voorbereiding houd ik twee dagen bedrust.
In de bomvolle boekwinkel waar het festijn
plaatsvindt, kondigt de uitgever me in zijn
opwinding aan als 'Renate Rubinstein'.
'Toch opvallend, hè?' zegt een wildvreemde
geamuseerd tegen me als ik me door het publiek
naar voren werk. 'Dat jij en zij allebei... nou ja, je
weet wel.'
Voordat ik nu mijn dooprede mag gaan houden, wil
het feestvarken zelf nog even iets zeggen. Hij bekent
de aanwezigen dat hij altijd buitengewoon jaloers is
geweest op mijn produktiviteit als schrijfster. 'Toen
ze een paar jaar geleden ernstig ziek werd,' zo
spreekt hij voort, 'toen was dat dan ook een hele
opluchting voor me.'
Iedereen lacht. Ik ook.

In de bossen rond Bilthoven is de Willem Zeylmans van
Emmichoven Kliniek gevestigd, gehuisvest in een vleugel
van het Medisch Centrum Berg en Bosch*. Wie dit gebouw binnengaat, betreedt een ouderwets patronaatszie-
kenhuis met holle, betegelde gangen, waarvan één naar

---

* Berg en Bosch werd eind 1992 gesloten; de Zeylmans Kliniek
draait nog, maar het voortbestaan ervan is onzeker.

een andere wereld voert: hier geen witte muren, het kleurenschema van de ziekenkamers is licht oranje of zacht geel, met bijpassende gordijnen die zorgvuldig zijn afgestemd op het uur van de dag waarop het zonlicht naar binnen valt. Blank hout in het dagverblijf waar de patiënten gezamenlijk eten; arrangementen van halfedelstenen en stukken boomschors in de gang; vaag getinte, transparante kunst aan de muren; en overal de vriendelijke, slaperige geur van lavendel.

Dit is antroposofen-territorium.

De antroposofische geneeskunde stoelt op de geesteswetenschap waarvoor Rudolf Steiner aan het begin van deze eeuw de grondslagen legde. Kort gezegd streeft de antroposofie ernaar, de mens in zijn versnipperde cultuur weer te doordringen van de eenheid tussen zichzelf, het leven en de wereld. Toen ik twintig jaar geleden na een verhuizing een nieuwe huisarts zocht, koos ik een antroposofische praktijk omdat begrippen als 'eenheid' en 'heelheid', toen nog niet vervuild door holistische terroristen, mij bijzonder aanspraken. Ook het feit dat antroposofische artsen zo min mogelijk gebruik maken van chemische medicamenten, leek mij een goed idee. Verder verdiepte ik me nooit bijzonder in het antroposofische gedachtengoed. Indien nodig slikte ik braaf de beruchte oplossingen en verdunningen, en al werken die volgens de Vereniging Tegen De Kwakzalverij niet, dan werkten ze maar niet, zolang ze maar hielpen, en dat deden ze meestal. Ik vond dat mijn huisarts groot gelijk had als hij van de zogenaamd echte medicijnen zei dat die misschien wel werken, maar verder nauwelijks helpen aangezien ze de patiënt vaak van de regen in de drup doen belanden.

Het is ironisch dat ik van dat laatste zelf het levende voorbeeld werd toen ik zijn verstandige advies een keer in de wind sloeg. Toen ik twee jaar geleden die uitbarsting van acné kreeg, had ik niet het geduld de doorgaans eindeloze weg van een antroposofisch geneesmiddel af te leggen, ik holde naar een dermatoloog en liet me antibiotica voorschrijven. Achteraf bezien was dat de stap over de drempel van gezond naar ziek: ik was in die periode al niet in vorm en de pillenkuur verstoorde mijn precaire evenwicht totaal. In menig boek over ME, zo ontdekte ik later, staan de antibiotica die onder meer tegen acné gebruikt worden, de zogeheten tetracyclinen, vermeld als een zware contra-indicatie. Zelfs op mijn sterfbed zal ik me nog herinneren hoe nadrukkelijk mijn huisarts me voor die rotzooi had gewaarschuwd. Schieten met een kanon op een mug, noemde hij het.

Overigens verwerpen antroposofische artsen de gangbare geneeskunde niet, alleen hebben ze een aantal aanvullende of alternatieve therapieën ontwikkeld. Ze erkennen zowel de natuurwetenschappelijke kant, als datgene wat voorbij de grenzen van de natuurwetenschappen ligt: zelf zeggen ze graag dat hun aanpak 'de reguliere met een extra' is.

Als ik met mijn koffertje in het dagverblijf tussen de handgekleide voorwerpen zit om de intake-formulieren in te vullen, hoop ik vurig dat ik het niet op mijn heupen zal krijgen van de gewatteerde atmosfeer. Ik geloof bijvoorbeeld niet zoals de antroposofen dat mannen en vrouwen een heel verschillende taak in het leven hebben, of dat je het kwaad van de wereld buiten de deur kunt houden met zelfgebreide paarse sjaals en ijl piano-getinkel. Maar ik kan domweg nergens anders heen.

Ik heb van andere ME-patiënten ware spookverhalen gehoord over gewone hospitaals. Iemand vertelde me dat ze tijdens haar verblijf in een te goeder naam en faam bekendstaand academisch ziekenhuis wekenlang nauwelijks iets had gegeten doordat ze te zwak was om haar brood te snijden of een lepel op te tillen, en de verpleging dat afdeed als pure aanstellerij. Maar ook los van dergelijke schokkende onkunde heb je als ME-er weinig heil te verwachten van een gewoon ziekenhuis. Daar word je immers geacht zo snel mogelijk op te knappen en weer in staat te zijn je eigen boontjes te doppen. Het medisch bedrijf is ingesteld op patiënten die herstellen en patiënten die overlijden, en voor hen die daar tussenin blijven hangen is geen plaats.

Voor de antroposofen daarentegen hoort ziekte bij het leven als de gewassen des velds. Gezondheid en ziekte zijn in hun ogen beide dynamische processen, en de processen die ziekte veroorzaken achten zij op zich net zo natuurlijk als die welke zich in een gezond lichaam afspelen. Dat standpunt wijkt nogal af van dat van de reguliere gezondheidszorg, en het steekt helemaal verfrissend af tegen het credo van de holisten: de verschrikkelijke Joseph Murphy schrijft in *De kracht in jezelf*: 'Ziek zijn is abnormaal: het is normaal om gezond te zijn.' En de afschuwelijke Louise Hay, auteur van *Heel je leven*, *Je kunt je leven helen* en *Liefde heelt* stelt al even plompverloren: 'Ik aanvaard perfecte gezondheid als de natuurlijke staat van mijn wezen.' De antroposofen daarentegen citeren graag Goethe, die poneerde dat er net zoveel verschillende soorten gezondheid bestaan als er ziektes zijn.

In de praktijk komt deze zienswijze neer op een totaal andere benadering van de patiënt. In de Zeylmans Kliniek krijg je niet zozeer de opdracht: 'Word vlug beter' als wel: 'Wees maar eens even ziek'. Dat deel van het antroposofisch evangelie spreekt mij noodgedwongen zeer aan. Ik zal de rest dus voor lief moeten nemen, zoals het feit dat ziekte ook volgens deze leer weer een mogelijkheid tot groei, verandering en zelfverbetering is. Ik zou willen dat er eens iemand anders moest groeien, veranderen en verbeteren, in plaats van de hele tijd ikzelf. Maar gelukkig wijten ze hier je krakkemikkigheid tenminste niet meteen blindelings aan je karakter, je levenswandel of je moederbinding: de antroposofen geloven in reïncarnatie, en dus in obstakels die leven na leven overwonnen moeten worden, en in een karma dat vervulling zoekt. Misschien, denk ik hoopvol, heb ik gewoon een bijzonder zware, maar daardoor ook immens *rijke* levensopdracht.

De eerste dagen in Bilthoven breng ik voornamelijk door met huilen. Mijn aanwezigheid hier voelt als capitulatie voor de vijand die ik zo lang heb bevochten. Nu ik de strijd heb gestaakt, nu ik ziek ben temidden van andere zieken, nu lijkt de hoop op verbetering – eens, ooit, misschien – definitief vervlogen. In tranen sjok ik door het winterse bos en zie in elke kale boom niets anders dan een al dan niet geschikte mogelijkheid me op te knopen, vooropgesteld dat het al in mijn vermogen zou liggen om een knoop van enige ernst te leggen.

Hoeveel honderden of duizenden ochtenden zal ik nog moeten opstaan met die sensatie van ongeloof en schrik: het kan toch gewoon niet waar zijn dat ik me zo ellendig voel? Het is alsof ik tot in al mijn cellen ben vergiftigd, alsof ik dag in, jaar uit, lijd aan de zwaarste kater uit de geschiedenis van de mensheid. Vrijwel iedere ochtend ga ik allereerst naar de w.c. om te kotsen. Terwijl ik daarna door de badkamer kruk, probeer ik zo oppervlakkig mogelijk adem te halen, mijn hele lichaam te vergeten, mijn zeezieke benen naar de douche te laten marcheren. Ik laat het water willoos op mijn verglaasde hoofd kletteren. Welkom in deze nieuwe dag.

Jarenlang heb ik per nacht niet meer dan twee of drie uur achtereen geslapen; kramp- en koortsaanvallen en het razen van mijn onbeschrijflijk verwarde hoofd maken mijn nachten niet om door te komen – maar elke ochtend als ik de profundis weer aan de oppervlakte kom, wacht me iets dat nog erger is dan dat wat net achter me ligt. Het is net een B-film: ik ben nog niet aan het ene monster ontsnapt of ik beland alweer in de klauwen van het volgende, en nergens een behulpzame Rambo of Robocop te bekennen.

Terwijl ik in het verlaten Bilthovense bos radeloos over

boomwortels loop te struikelen, beken ik mezelf beetje bij beetje eindelijk *hoe* ziek ik werkelijk ben. Ik laat mijn hardnekkige strategie van negeren varen, inclusief alle listen en lagen die ik heb ontwikkeld om met een minimum aan bewustzijn de dag door te komen. Soms heb ik de afgelopen jaren door de scheuren van het weefsel van mijn leven wel een glimp van de werkelijkheid gezien, maar ik wist de rafels er altijd weer vliegensvlug overheen te sjorren. Het waren slechts flitsen, te vergelijken met hoe je soms, totaal onvoorbereid maar met afschuwelijke helderheid, door een kleinigheid inziet dat je er in het leven uiteindelijk helemaal alleen voor staat; of hoe je, bijvoorbeeld na de dood van een bemind persoon, ineens wordt overrompeld door het ondraaglijke besef van de sterfelijkheid. Zo heb ik soms ook gedurende enkele seconden tot in mijn tenen geweten hoe ziek ik ben, maar die wetenschap liet zich altijd weer snel naar de diepste kelders verbannen. Ik werd weliswaar kwaad als iemand iets minachtends over ME zei, ik voelde me aangesproken als mijn toestand niet serieus werd genomen. Maar las of hoorde ik deprimerende nieuwe feiten over ME, dan voelde ik me juist helemaal niet aangesproken: die ellendige waarheden golden dan misschien voor anderen, maar zeker niet voor mij. Ik kan het maar beter onder ogen zien: vanaf het allereerste moment ben ik vermoedelijk zelf degene geweest die mijn ziekte het minst serieus heeft genomen.

In de kliniek word ik aan een uitgebreid therapeutisch programma onderworpen. Hoewel mijn kwaal zelf niet behandeld kan worden, kan er wel iets worden gedaan aan mijn fysieke en morele weerstand. Ziek zijn, vinden ze hier, is weliswaar uiterst nuttig, doch het blijkt in de praktijk een heel karwei, en zou je halverwege onder de pure last ervan bezwijken, dan *heb je niets aan je ziekte*.

Vooruit met de geit, denk ik slechts bij het vernemen van zulke boodschappen. Doe iets, jongens, het mietert niet wat. Elke millimeter verlichting is er een. Gretig onderwerp ik me dus aan massages, heilzame baden en warme wikkels. Het zijn allemaal bijzonder prettige ervaringen, die erop gericht zijn me weer te verzoenen met het feit dat ik een lichaam heb: in de lauwe lavendelolie word ik verleid te genieten van een zich ontspannende spier hier of daar, en al doende vind ik mezelf tot in alle uithoeken terug. Ik kan niet zeggen dat de hernieuwde kennismaking me vrolijk stemt, maar dat is ook niet de bedoeling; de bedoeling is dat dit *aardend* werkt.

Verder *bundel ik mezelf* door driemaal per week op kunstzinnige therapie te boetseren. 'Door het kunstzinnig bezig zijn,' aldus de informatiefolder van de kliniek, 'ontwikkelt men zielekrachten die harmoniserend werken en de relatie tussen de eigen binnenwereld en de buitenwereld in een gezonde wisselwerking brengen.'

De meeste patiënten worden geacht met waterverf te schilderen, maar aangezien ik mijn hele leven al met een vel wit papier voor me zit, mag ik kleien. Ik moet eerst 'een lekker slaperig ei' maken. Dat is nog een heel karwei, zo'n slaperig ei. Met een theelepeltje dien ik er alle minuscule barstjes uit te kloppen, met liefdevolle aandacht voor het ei en mij. Vervolgens moet ik het ei 'wakker maken', wat pas echt een opgave is. 'Kijk nou eens even,' beveel ik mijn verbijsterde vriendinnen tijdens het bezoekuur, 'zou dit ei al wakker zijn?'

Daarnaast doe ik driemaal per week een uur heilseuritmie onder individuele begeleiding. Deze bewegingstherapie, zo lees ik in de folder, gaat uit van bewegingen waarbij 'zowel de fysieke als de gehele innerlijke mens is geëngageerd', waardoor ze 'op intensieve wijze op ziekteprocessen inwerken'.

In de praktijk komt dit erop neer dat ik met grote passen door een soort gymzaal schrijd en onderwijl met mijn armen zwaai alsof ik een reusachtige mantel omsla. Om redenen die niemand voor me kan ophelderen zijn de oefeningen der heilseuritmie verbonden met de letters van het alfabet; het omslaan van de mantel staat voor de letter buh, 'buh van bescherming, van beschutting, van baarmoeder,' zoemt mijn alleraardigste therapeute. Soms doen wij ook met het gehele lichaam een fontein na (de letter ellellel) en mompelen daarbij dwingend: 'Vlam in mij, laai weer op.'

Verwacht ik hier enig heil van?

Geloof ik in deze aanpak?

Krijg ik nooit de slappe lach?

Mijn vriendinnen raken niet uitgevraagd. 'Zowel de fysieke als de gehele innerlijke mens zijn bij deze therapieën geëngageerd,' citeer ik hulpeloos. Ik kan geen grapjes over de antroposofen velen. Zij zijn mijn laatste strohalm. En bovendien zijn ze zo bovenmenselijk lief, ondersteunend en zorgzaam. En daarvoor worden ze, in tegenstelling tot mijn voorbeeldige vriendinnen, gewoon betaald, zodat ik me geen tel bezwaard hoef te voelen om de eindeloze kopjes bloemetjesthee die me troostend worden ingeschonken. De verpleegsters en therapeuten beuren me op, de zaalarts bemoedigt me, er is geen traan of iemand legt er wel een kruikje op, geen inzinking of er wordt een warme wikkel van duizendblad gemaakt, en 's nachts, als ik woel en tob, masseert de ene nachtzuster na de andere aandachtig mijn kuiten. Zo zou ik jaren door kunnen gaan, zo is het best vol te houden.

Alleen begin ik na verloop van tijd te wensen dat men eens wat meer op mijn *genezing* gebrand was. Dat is een irreëel verlangen, want als ze hier wisten hoe dat te vervullen, dan zat de hele gemeente Bilthoven immers allang vol opgetogen ME-ers. Ik moet niet vergeten dat ik hier alleen maar ben om gewoon eens op mijn gemak ziek te zijn en me grondig te laten vertroetelen. En er wordt ontegenzeglijk met volle sofen-inzet aan mijn geval gewerkt: ik word uitgenodigd mijn klachten te ontvouwen aan het volledige team van artsen en therapeuten, die mijn verhaal vervolgens wekenlang 'meenemen in de nacht', wat betekent dat ze steeds over mijn toestand mediteren en nadenken. Mijn eigen bijdrage ('Ik heb ME') legt niet veel gewicht in de schaal. Zo denken wij hier niet. Wij zien de mens niet als een wandelend ziektebeeld. De uiteindelijke conclusie van al dit broeden op mijn geval is, niet verwonderlijk, dat mijn ziekte nu eenmaal bij mijn karmisch levenspad hoort, en dat ik er maar vanuit moet gaan dat ik me nog heel lang heel beroerd zal voelen.

Ik open het offensief. Ik vraag de internist te onderzoeken of ik misschien een kwaadaardige wildgroei van candida albicans heb, zoals die volgens de literatuur bij veel ME-patiënten in de darmen optreedt. Candida is een gist die in elk gezond menselijk organisme voorkomt zonder onheil aan te richten, maar die bij een onvoldoende functionerend immuunsysteem, het omzetten van suiker in giftige stoffen bevordert. Kan het zijn, vraag ik, dat ik me daarom steeds zo vergiftigd voel? Die kater, elke dag? Ook moet ik de hele tijd denken aan die omineuze 'vlokken en draden' die de laconieke iriscopist zo lang geleden in mijn darmen waarnam. De internist schudt zijn hoofd. 'Candida,' zegt hij, 'is momenteel nogal in de mode. Ik zou maar geen aandacht aan die verhalen schenken, als ik u was.' Daarna vertelt hij me over een bezoekje aan Chartres en over de magnifieke gebrandschilderde ramen van de kathedraal: zo'n aardige man.

Ik vraag de zaalarts of onderzocht kan worden of ik misschien een zinktekort heb, aangezien er in elk boek over ME in hoofdletters staat dat een verstoorde mineralenhuishouding onderdeel van de ziekte is. Een aantal van de symptomen zou mede daaruit te verklaren zijn, en vaak zou het toedienen van mineralensupplementen al enige verbetering opleveren. De zaalarts lacht. 'Een normaal mens *kan* helemaal geen zinktekort krijgen,' zegt hij. Ik werp tegen dat het probleem nu juist is dat ik geen normaal mens ben, en houd vol dat ik zinkinjecties of -pillen wil. 'Daar zit het hem echt niet in hoor, dat kun je gerust uit je hoofd zetten, geloof me nou maar,' zegt hij. Daarna blijft hij nog gezellig een kwartier op de rand van mijn bed over ditjes en datjes kletsen: zo'n vriendelijke jongen.

Ik vraag het hele team artsen dat tijdens een grote visite om mijn bed staat of mijn hormoonspiegel onderzocht kan worden. Al mijn vriendinnen hebben de afgelopen week met opgewonden gezichten knipsels uit diverse dagbladen voor me meegenomen: in Amerika is de hypothese ontwikkeld dat ME veroorzaakt zou worden door een hormonale dysfunctie. De artsen schudden hun hoofd. 'Dat onderzoek is nog lang niet afgerond,' zeggen ze. Ik soebat en smeek; ik geloof dat ik zelfs aan iemands mouw ga hangen terwijl ik dreig op eigen houtje cortisol te zullen gaan slikken.

De volgende ochtend verschijnt er een medewerkster van het laboratorium op de zaal en parkeert haar rinkelende karretje zowaar naast mijn bed. 'Cortisol-prikje,' zegt ze zonnig. Ze neemt me een buisje bloed af. 'Eentje maar?' vraag ik verbaasd. Dit doet me sterk denken aan hoe een van mijn specialisten kort geleden nog dacht mijn bloedsuikerspiegel met één prik te kunnen meten, toen ik op bevel van de chiropractor, een mens zou er ook dol van worden, bij hem kwam met de vraag of er misschien een mankement in mijn suikerhuishouding was. 'Moet daar niet een curve van gemaakt worden?' vroeg ik toen bedeesd, want de chiropractor had me op het hart gebonden dit beslist niet bagataal aan te pakken. Nee hoor, vond de specialist. 'Moet daar niet een curve van gemaakt worden?' vraag ik de laborante, verslagen. Want ik begrijp het al. Dit is opnieuw een prikje voor de vorm, om het vrouwtje koest te houden. Ik kan alleen maar hopen op een bof: dat mijn hormoonspiegel op dit moment net een dramatische afwijking laat zien. Wat je maar boffen noemt.

Zoals altijd levert dit onderzoek niets op. Mijn ei is onderhand een soort ontpoppende rups geworden en met heilseuritmie ben ik inmiddels gevorderd tot de letter emmm: de dagen rijgen zich aaneen totdat het maximum aantal weken verpleging dat door de verzekering wordt vergoed, er op zit. De rekening van het ziekenhuis bedraagt ruim twintigduizend gulden, exclusief de antroposofische therapieën, die ik zelf moet betalen. 'Maar ben je nou tenminste wat opgeknapt?' vragen mijn vriendinnen hoopvol, terwijl ze tussen mijn ontwakende eieren een plekje zoeken voor hun welkom-thuis-boeketten.

Dat is een goede vraag. Daar gaan we eens een afgewogen antwoord op geven.

Alles in aanmerking genomen valt de uitslag niet tegen: al is er fysiek geen enkele verbetering te melden, moreel zit er daarentegen wel weer flink wat rek in het elastiek. Paradoxaal genoeg heeft het toegeven aan de ziekte mijn hele toestand wat verzacht. Precies wat iedereen me steeds aanraadde dus, en wat me zo duivels maakte. Het is net alsof ik in Bilthoven eindelijk heb geleerd hoe je dat doet, ziek zijn. De truc lijkt op een soort judo: meegeven met de aanvaller. Het is eigenlijk nog niet eerder in me opgekomen dat je, wanneer je ziek bent, je ook maar het beste als een zieke kunt gedragen.

'Let nu op,' zeg ik tegen mijn poezen, 'jullie mens is ziek.' Maar ze lijken niets nieuws te bespeuren in de wijze waarop ik op de bank lig. Zou het in hun geval trouwens ook een karmisch gegeven zijn, dat ze bij iemand moeten wonen die niet zelf de kracht heeft de blikken KiteKat voor ze te openen? Of hebben ze hun aura's misschien laten verslodderen? Daar komt een van de buurkinderen alweer aangehold om ze te voederen. Er lijkt niets veranderd. Maar de schijn bedriegt. Ik ben niet minder dan voorheen bezeten van het verlangen om beter te worden, alleen besef ik pas nu terdege dat ik de tijd tot mijn genezing niet kan opschorten en in dit povere halve leven voorlopig mijn geluk moet vinden. En nu ik dank zij de antroposofen voor het eerst het gevoel heb ook als zieke nog genoeg bestaansrecht te bezitten, nu zal dat me misschien nog lukken ook.

'Ze heeft het eindelijk geaccepteerd,' zegt een van mijn vriendinnen in mijn bijzijn tegen een andere. 'Ze is zoveel rustiger.'

'Milder ook,' vindt de ander. Ze kijken beiden liefdevol naar de patiënt.

Zij die het eindelijk geaccepteerd zou hebben, loost een zucht. Ze denkt: arme schatten, altijd richt mijn agressie zich op jullie. Ze zou een bijl willen hebben om haar vriendinnen zonder verdere vorm van proces het hoofd af te hakken, zij.

Maar hoe dan ook, nauwelijks is de nieuwe geest van pragmatisch ziek zijn vaardig over me geworden, of ik vind mijn situatie plots van een benijdenswaardige simpelheid. Het mag dan beperkend zijn om zo weinig meer te kunnen, maar het bespaart een mens ook vele, getourmenteerde keuzes. Mijn toestand is helder: rust is het parool. Om mij heen zuchten mijn vriendinnen onder de last van carrière, huishouden, kinderen, man en de rest van het leven, terwijl mijn zorgen zich beperken tot het vraagstuk: hoe open ik een pot pindakaas zonder me te bezeren?

Eens verrekte ik op die manier een spier in mijn arm. Omdat ik in die periode twee keer per week naar een masseuse ging, vroeg ik haar de arm eventjes mee te behandelen. Weken later piepte ik nog steeds bij elke beweging. 'Heb je,' vroeg de masseuse toen met neergeslagen ogen, 'soms uhm, ahh, *emotionele problemen*?' Het was namelijk haar ervaring dat tobberijen zich altijd in de schouders en bovenarmen vastzetten. Als haar behandeling niets opleverde, dan wist zij zeker dat ze het in die hoek moest zoeken. En de knieën, hè – ook zo wat. Als men de richting in het leven kwijtraakte, dan sloeg dat onveranderlijk in de knieën. Mooi toch, hoe ons lichaam ging opspelen als we problemen probeerden te ontkennen?

'Het was een nieuwe pot pindakaas,' zei ik zwak.

'Als je er eens over wilt praten,' zei de masseuse uit de goedheid van haar hart, 'dan kun je gerust bij mij terecht, hoor.'

'Fijn,' zei ik. De verrekte spier werd een pijnlijke ontsteking, die acht maanden zou duren. Maar goed, ik heb tegenwoordig de tijd voor zulke akkevietjes. Ik heb overal alle tijd voor. Mijn situatie is dus stukken overzichtelijker dan die van al mijn dravende en hollende vriendinnen, die als moderne vrouwen voortdurend kampen met tijdgebrek. Hun dubbelzinnige oplossing, en die van de meeste vrouwen, namelijk luidkeels klagen over hun overbelaste leven en er toch mee doorgaan, kan ik me niet meer veroorloven: zodra ik mijn grenzen een centimeter overschrijd, krijg ik ter plekke straf van mijn lichaam. Ik denk dan ook weleens dat het het emancipatiegehalte van de Nederlandse samenleving enorm zou dienen als de gehele vrouwelijke helft der bevolking eens een aantal jaren ME kreeg, zodat de gemiddelde man noodgedwongen zijn aandeel in het dagelijks bestaan eindelijk zou vergroten. Jammer dat ik niet besmettelijk ben.

In deze serene stemming kom ik moeiteloos door de dagen. Mijn tevredenheid vloeit trouwens ook voort uit het feit dat ik in Bilthoven op een heel ander vlak eveneens een wonderlijke openbaring heb gehad, tussen de lavendelbaden en de euritmie door.

In de afgelopen twintig jaar was ik nog niet eerder zo lang van mijn werk weg geweest als nu. Waar ik ook heen ging, het boek waarmee ik op dat moment bezig was, ging altijd mee. Ook nu lag in het kastje naast mijn bed het bijna voltooide manuscript van *Ontaarde moeders*, maar ik kwam er ditmaal eenvoudig niet aan toe. Soms, als ik naar dat kastje keek, was het me te moede alsof het zachtjes tikte en vibreerde, als een tijdbom. Op een halve meter afstand van mijn hoofd stond iets op ontploffen – maar wat precies?

Onontkoombaar begon ik na te denken over het hoe en waarom van mijn schrijverschap. Het *hoe* leverde een deprimerende conclusie op: als ik mijn literaire oeuvre deelde door de erin geïnvesteerde tijd, dan moest ik vaststellen dat ik de afgelopen jaren per dag welgeteld dertien bruikbare regels had geproduceerd. Eerst stemde dit getal mij somber, vervolgens kreeg ik er de slappe lach van. Misschien had die akelige neuroloog van een paar jaar geleden toch gelijk, en had ik beter een bloemisterij te Schiermonnikoog kunnen beginnen. Toen stelde ik mezelf de vraag waarover mijn dertien regels per dag eigenlijk gingen. Kort gezegd: over de mens op z'n ergst, over allerhande manifestaties van het kwaad. Een thema waarmee ik gemakkelijk uit de voeten kon totdat ik in de kist zou belanden. Maar starend naar de zacht gele muur ontvouwde zich een verbluffende gedachte: waarom schreef ik eigenlijk nooit eens over iets dat het hart verhief? Waarom schreef ik nooit over liefde, over verlangen, over eenheid?

Even dacht ik dat de letters buh tot en met emmm me naar het hoofd gestegen moesten zijn. Maar toen besefte ik dat mijn onderbewustzijn al een tijdje bezig was geweest deze weg voor me te effenen: wat had ik tot nu toe niet allemaal uitgestaan met *Ontaarde moeders*, een boek dat weigerde zich naar mijn hand te zetten en dat onbestuurbaar en wel, hardnekkig op een soort happy end afkoerste? Maar waarom zou ik me daar eigenlijk met hand en tand tegen verzetten? Waarom zou ik?

Ah, het zeldzame gevoel eindelijk weer eens een stap vooruit te zetten! Een waanzinnige inspiratie maakte zich van me meester. Ik had een manier gevonden om het roer om te gooien en mijn dertien regels per dag een nieuwe inhoud, een nieuwe betekenis te geven. Misschien stelde ik als mens momenteel niet erg veel voor, maar als schrijfster had ik tenminste nieuwe, vruchtbare grond onder de voeten.

Rammelend van de ideeën ging ik naar huis en voltooide in korte tijd met vaste hand, vredig en gelukkig gestemd, het boek dat me tot dusverre zoveel hoofdbrekens had bezorgd.

Heeft mijn toestand deze ommezwaai veroorzaakt? Dat is een vraag die ik zorgvuldig uit de weg probeer te gaan: ik gun mijn ziekte die eer eenvoudig niet. Straks ga ik nog denken dat het voor mijn werk in elk geval nuttig is geweest dat ik ME heb gekregen. Die gedachte heeft niets compenserends, die gedachte maakt me integendeel razend. Laat mijn werk tenminste mijn eigen werk zijn.

Dus laten we liever zakelijk vaststellen dat ik intussen gewoon een paar jaar ouder en wijzer ben geworden. En er niet te lang bij stil staan dat ik, nu ik niet meer ben wie ik was, plotseling iets kan wat ik vroeger niet kon. Aan die verworvenheid zou tenslotte ook iets geheel anders ten grondslag kunnen liggen. Ik noem maar wat: het feit dat ik momenteel een minnaar heb die, wat een uitzondering, eigenhandig zijn kind grootbrengt. Meer dan mijn ziekte, moet zijn aanwezigheid in mijn leven bepalend zijn geweest voor de thematiek van *Ontaarde moeders*. Dat moet. Dat moet. Want mijn ziekte mag alles zijn, behalve een inspiratiebron. Mijn ziekte mag alles aanraken, behalve mijn schrijverschap. Maar op hetzelfde moment denk ik: ik moet eens een boek schrijven over ME. Dat ben ik aan mezelf verplicht. Als afrekening. Ik weet zelf niet precies waarmee ik wil afrekenen. Maar het gevoel zal me niettemin bijblijven: ik moet afrekenen.

Ik heb het manuscript van *Ontaarde moeders* net naar mijn uitgever gestuurd, als de telefoon gaat: er wordt me verzocht deel te nemen aan een serie literaire programma's. Waarom hebben wij voor onze rust een geheim telefoonnummer genomen? Om het naar alle windstreken te zien uitlekken, daarom. Waarom spreken en schrijven wij soms behoedzaam over ons leven als zieke? Om dag in dag uit nog evenveel verzoeken om optredens, inleidingen, artikelen en verhalen te ontvangen als altijd, als ware er niets veranderd. Het enige dat afwijkt van vroeger is dat men tegenwoordig een gratuite zinswending inbouwt. Men schrijft beleefd doch dwingend: 'Hoewel ik heb begrepen dat uw gezondheidstoestand het u niet toelaat op veel aanvragen in te gaan, wil ik u toch van harte uitnodigen op mijn verzoek wel in te gaan.' Of men eindigt met de o zo hartelijke verzuchting: 'We weten dat je momenteel niet gezond van lijf en leden bent, maar toch kunnen we het niet laten je uit te nodigen voor een lezing ter gelegenheid van het vijftienjarige bestaan van onze boekhandel.'

Kennelijk ben ik niet de enige tot wie het pas zeer langzaam doordringt dat een zieke ziek is en niet meer het drukke bestaan van een gezonde kan leiden. Via mijn post moet ik vaststellen dat de buitenwereld de werkelijkheid van ziek-zijn eigenlijk gewoon negeert. Mijn briefschrijvers lijken niet te beseffen dat een kwaal zekere fysieke gevolgen voor de patiënt heeft. Of in elk geval willen *zij* daar geen last van hebben. Hun programma moet rond, en ik moet erin, zo zit dat. Ik sla vrijwel elke uitnodiging af. Maar een enkele keer maak ik een taxatiefout. Soms vind ik een verzoek zo leuk dat ik het vooruitzicht vervolgens twee weken voor pampus te liggen, er voor over heb. Soms is iets me dat waard, alleen al om het gevoel dat ik nog steeds ik ben, en mijn leven niet alleen maar een vorm van vegeteren is. Maar dan bega ik mijn vergissing. Aangemoedigd door het feit dat de indiener van het verzoek blijkens zijn schrijven op de hoogte is van mijn toestand, zeg ik mijn medewerking toe, omheind door enkele mitsen en maren. Ik vraag bijvoorbeeld of ik kan rekenen op begrip voor het feit dat ik meestal pas 's ochtends zeker weet of ik 's avonds ergens aanwezig kan zijn, en of ik van huis kan worden opgehaald en na afloop weer teruggebracht. Tot dusverre heb ik niet eenmaal een afwijzend antwoord gekregen op zulke voor mij nijpende vragen: ik verneem, nadat ik mijn spelregels duidelijk heb gemaakt, eenvoudig nooit meer iets.

Dit zijn geen incidenten die mij het gevoel geven dat er een grote bereidwilligheid bestaat om rekening te houden met mensen met beperkingen en handicaps. Als het eindelijk tot die botte gezonde koppen doordringt dat ik werkelijk ziek ben, maakt men zich gewoon als een haas uit de voeten. Stel je voor dat ik op iemand in de zaal zal overgeven, ineens omval of iets anders walgelijks doe. Wie wil er een zieke over de vloer? De frase: 'We weten dat u ziek bent, maar' doet mij tegenwoordig dan ook in hol gelach uitbarsten. Het vervelende is alleen dat als ik dit soort brieven onbeantwoord laat, er binnen twee weken een herinnering arriveert, vaak heel wat korzeliger van toon. Vrouwenhuizen zijn het ergst: daar hebben ze allemaal wel eens ooit een assertiviteitstraining gedaan.

Dus moet ik diverse keren per week zo fatsoenlijk zijn om mijn brillekoker op te sporen, die te openen, mijn bril eruit te halen, schoon te poetsen en op mijn neus te zetten, achter mijn bureau te gaan zitten, een correspondentiekaartje te pakken (de stapel is op, dus ik kom weer overeind, ik loop naar de kast, ik grijp een nieuw pak, ik maak het open, ik gooi de verpakking weg en zie dat de prullenbak geleegd moet worden, door mijzelf vermoedelijk, want mijn huishoudelijke hulp komt woensdag pas weer, ik loop terug naar mijn bureau), mijn vulpen uit de la te halen, mijn hersens tot de orde te roepen, mijn motorische vaardigheden samen te ballen, te schrijven: 'Geachte' (en dan is de inkt op, ik schroef mijn pen open, ik haal de lege inktpatroon eruit, binnen handbereik liggen nieuwe, dat is het probleem niet, wel hoe die door het pinnetje te drukken, ik pak de tissues die voor dat doel klaarliggen en veeg de inktspatten van het tafelblad, ik schroef de pen dicht, het duizelt mij reeds van vermoeidheid), drie zinnen te kalligraferen, een envelop te pakken, het adres over te schrijven, en dan te beseffen dat ik die mediterende Belg inderdaad in mijn huis had moeten uitnodigen, die door zijn vrouw verstotene, die steeds maar voor mij naar het postkantoor wou gaan, want hoe kom ik nu aan een postzegel en hoe belandt die brief ooit op de bus – en met dit karwei is alles bij elkaar gauw een uur heen, en voel ik mij alsof ik vier keer achter elkaar de Matterhorn heb beklommen.

Maar laat ik niet afdwalen, want ik zit intussen nog steeds aan de telefoon met die man die mijn nummer heeft weten te achterhalen en die me in een serie van maar liefst tien literaire programma's wil hebben. Ik zeg: 'Het spijt me, dat gaat niet, ik ben ziek.'

Hij antwoordt: 'Dat zeg je anders nogal vrolijk.' Ik hoor het wantrouwen in zijn stem. Hij voelt zich afgepoeierd. Zou ik snikkend van ellende zeggen dat ik ziek was, dan was ik vast een hysterica; zeg ik het neutraal, namelijk gewoon zoals het is, een duurzame omstandigheid in mijn leven waarmee op z'n minst ikzelf rekening dien te houden, dan kwets ik hem in zijn gevoel van eigenwaarde en laad ik de verdenking op me iedereen te belazeren.

Gelukkig zegt een van mijn vriendinnen op een dag iets verhelderends. Ze zegt: 'Maar het is ook erg verwarrend: je loopt hier de hele dag te sukkelen, en niettemin zie ik je soms ineens debatteren op de televisie, of er komt een nieuw boek van je uit.'

Daarom zou het me ook niet moeten verbazen dat mensen me bij het verschijnen van *Ontaarde moeders* bevreemd vragen: 'Maar je was toch ziek? Hoe kun je dan een boek schrijven?' Zij behoren duidelijk tot een andere school dan mijn briefschrijvers met al hun dwangbevelen.

Maar zij zijn al even irreëel en slaan compleet door naar de andere kant: zij denken kennelijk dat het leven bij ziekte in z'n geheel ophoudt. Dat is even idioot als het omgekeerde. Je leven verandert door een chronische aandoening, zeker, ik heb niet meer het bestaan dat ik vroeger had, inderdaad, maar ik besta nog wel. En waarom zou ik dan geen boek schrijven? Moet je soms boomstammen kunnen optillen om een boek te schrijven? Of is de dichotomie tussen zieken en gezonden eenvoudig zó groot dat men gewoon niet kan geloven dat een zieke wel eens iets doet dat een gezonde ook kan? Zoals lachen? Zoals vrijen? Zoals naar muziek luisteren? Ik krijg bijna het gevoel dat het een het ander uitsluit: als ik een boek kan schrijven, dan kan ik nooit ziek zijn. En als ik ziek ben, dan schrijf ik geen boek.

Komt het door mijn buitenissige kwaal, of is ziekte in het algemeen zó onzichtbaar geworden in onze cultuur dat men er zich geen voorstelling meer van kan maken? Kent de mens soms nog slechts twee verschijningsvormen: in leven en welzijn, of anders morsdood? Het moet haast wel, anders deden niet zoveel mensen zo schichtig tegen me. Ik ben kennelijk een wandelende anomalie, iets onbestaanbaars, zoiets als een hobbit. Leven en gezondheid zijn blijkbaar equivalenten geworden, en iemand die niet gezond is, is dus eigenlijk reeds zo goed als dood, al suddert zij misschien nog een tijdje onsmakelijk door.

'Ik heb het je nooit willen vertellen,' zegt iemand van de uitgeverij, 'maar je zou eens moeten weten hoe vaak wij zijn opgebeld met de vraag of je op sterven ligt.'

Maar intussen komt het me voortreffelijk uit dat er opnieuw een boek is verschenen dat achter elkaar herdruk op herdruk beleeft: chronisch ziek zijn is een kostbare affaire. Hulp en hulpmiddelen zijn duur, de beste en meest energiebesparende oplossing voor vrijwel ieder probleem blijkt onveranderlijk de begrotelijkste, en aan alternatieve geneeswijzen en andere niet-declarabele ziektekosten geeft men binnen het jaar algauw een bedrag uit ter waarde van een aardige middenklasse-auto. Ook heb ik sedert mijn ziekte beduidend meer behoefte aan kersenbonbons en rozen.

'Laat het maar rollen,' zegt mijn minnaar, 'en wees blij dat je het niet van een WAO-uitkering hoeft te doen.'

Hoe profetisch zijn woorden zijn, blijkt als enkele weken later op een middag de telefoon gaat. 'Caroline?' zeg ik. 'Ben jij dat?' Ik kan haar haast niet verstaan, zo overstuur is ze.

ZEVENDE BEDRIJF

Voorval 1: Toen ik nog maar pas ziek was, belde op een dag een hartelijk iemand op voor wie ik wekelijks een stukje schreef. Hij leefde *bijzonder* met me mee. Daarna kwamen we te spreken over zijn werk (deze naadloze overgang is niet ongewoon wanneer men met iemand van het mannelijk geslacht praat). Hij gaf leiding aan een grote redactie. Hij had dus zo zijn zorgen. 'Ik heb er op het moment vier in de ziektewet,' klaagde hij. Na nog wat getob nam hij afscheid met de woorden: 'Dat waardeer ik nou zo in jou: gewoon doorgaan terwijl je ziek bent. De meeste anderen blijven bij het minste of geringste thuis en gaan daar hun hand zitten ophouden.'

Voorval 2: Toen ik al een hele tijd ziek was, zei iemand van wie ik veel houd: 'Kijk, dat is nou het verschil tussen jou en al die profiteurs. Jij had ook al jaren in de WAO kunnen zitten.'

Het is, nu ik me eindelijk met hart en ziel heb overgegeven aan het proces van ziek zijn, moeilijk om niet elke dag de stappen voor- of achteruit te tellen. Van elke nieuwe verzwakking verlies ik tot tranen toe de moed, van iedere relatieve vooruitgang word ik zó eufoor dat ik een dag of hooguit een week later weer gedoemd ben diep te vallen. Wat een schobbejak is deze kwaal, met zijn op- en neergang, zijn smerige trucs, zijn onbetrouwbare verbeteringen en zijn onverklaarbare verslechteringen. Als je niet bezig bent uit een inzinking omhoog te krabbelen, ben je wel bezig in de volgende weg te glijden. Niet op reageren, kop in, kalm aan, want over de maanden en jaren bekeken blijft de toestand toch vrijwel onveranderd. Met één uitzondering: ik kan tamelijk plotseling weer uren achtereen lezen.

Wat een sensatie, na al die tijd, om naar gedrukte zinnen te kunnen kijken zonder dat die vroeger of later gaan bewegen. Hallo woorden, zijn jullie daar weer? Ik heb jullie gemist. Ach hemel, de omvang van mijn onnozel geluk: ik voel me zoals op mijn zesde, toen ik ineens snapte waarvoor al die kringeltjes, kronkeltjes en streepjes dienden. En net als toen komt er ook nu weer iets binnen mijn bereik waarvan ik het bestaan bijna was vergeten: de gehele wereld met al zijn mededelingen, zijn nieuws, zijn opinies. Ik lees, terwijl de poezen geïmponeerd toekijken, kranten totdat ik een ons weeg. Heel de buitenwereld stormt bij me binnen. En ik besef al gauw dat alles nog veel erger is dan ik al dacht.

Net zoals je vroeger in de media nooit een vrouw tegenkwam behalve in de rol van slachtoffer, zo valt me nu op dat je over zieken leest als waren het louter misdadigers: zieken, zo blijkt mij, zijn een bedreiging voor de welvaart: te veel zieken kosten te veel geld. Alleen gezonden zijn volwaardige producenten en consumenten.

GEEN WOORD over de computer die ik heb gekocht, of mijn nieuwe stoel, of over de wijze waarop ik geld doe rouleren door diensten en hulpmiddelen in te huren. Ik ben beledigd. Mijn ego is er nog maar koud aan gewend dat ik door het teloorgaan van mijn gezondheid een quantité negligeable ben geworden. Ik ben nog aan het oefenen op het juiste antwoord op de vraag hoe ik als ME-patiënt boeken kan schrijven, er een soort leven op nahouden, liefhebben, drie maal daags eten en lid zijn van een postorderbedrijf in CD's. Ik ben nog lang niet rijp voor de volgende rariteit – ik leef al midden in een schilderij van Jeroen Bosch. Kom mij nu niet ook nog eens vertellen dat ik door ziek te zijn in feite een nieuwe vorm van economische criminaliteit bedrijf.

In 1872 publiceerde de Engelse satiricus Samuel Butler een hoogst merkwaardige roman, getiteld *Erewhon*. Zijn hoofdpersoon Higgs komt, na een uitputtende reis door vrijwel ondoordringbaar gebergte, terecht in een uithoek van de wereld, Erewhon geheten. Een van de eerste dingen die hij ontdekt over dit vreemde land, is dat men zieken hier als misdadigers behandelt. Wanneer hij kort na zijn aankomst kou heeft gevat, reageert zijn omgeving niet alleen harteloos maar vooral ook afkeurend op zijn toestand. Op een warme grog en extra dekens moeten in het geniep de hand worden gelegd. Geschokt verneemt Higgs dat 'in Erewhon iedere ziekte werd beschouwd als hoogst crimineel en immoreel; zelfs voor een koutje liep ik het risico voor de rechter gebracht te worden en geruime tijd in de gevangenis te belanden.'

Korte tijd later is hij in de gelegenheid zo'n rechtszitting mee te maken, waarbij de verdachte schuldig wordt bevonden aan tuberculose en veroordeeld wordt tot levenslange dwangarbeid. Een zware straf, maar deze jongeman is dan ook een onverbeterlijke recidivist: hij heeft al veertien keer eerder gezeten voor 'illnesses of a more or less hateful character.' Verzachtende omstandigheden wijst de rechter resoluut van de hand: 'U kunt wel zeggen dat uw ouders ook al een slechte gezondheid hadden, en dat u in uw jeugd een zwaar ongeluk hebt gehad waardoor uw gestel blijvend is ondermijnd; dat zijn de gebruikelijke smoesjes waartoe een misdadiger zijn toevlucht zoekt, maar een rechtbank kan daar absoluut geen gehoor aan verlenen.' Het kan de rechter niet schelen *hoe* de verdachte zo verdorven is geworden, voor hem luidt de vraag slechts: is de verdachte verdorven of niet? En de onvergetelijke uitsmijter van deze lange rechterlijke vermaning luidt: 'You may say that it's your misfortune to be criminal;

I answer that it is your crime to be unfortunate.'

Toen Butlers roman verscheen was het een satire, maar ruim een eeuw na zijn dood, zo concludeerde recentelijk in een voordracht in De Balie in Amsterdam Hans Crombach, hoogleraar aan de faculteit der rechtsgeleerdheid van de Rijksuniversiteit Limburg, is de omgekeerde wereld van Erewhon steeds meer realiteit aan het worden. Er zijn, zei Crombach, op dit moment volop tendensen aanwijsbaar dat ziekte thans wordt gecriminaliseerd en dat zieken in alle ernst steeds meer als misdadigers worden beschouwd.

Op dit ogenblik ontvangen ruim 900 000 Nederlanders een uitkering krachtens de Wet op de Arbeidsongeschiktheidsverzekering (WAO). Dat is een grote groep, maar het toelatingsbeleid tot de WAO is lange tijd dan ook bijzonder liberaal geweest. Daarvan plukten tot voor kort niet alleen zieke individuen de vruchten, daarvan maakten ook bonden en werkgevers dankbaar gebruik om de minder produktief geworden werknemers netjes weg te zetten. In het begin van de jaren tachtig, het tijdperk van massa-ontslagen, bleek de WAO bovendien prima smeerolie bij bedrijfssaneringen: voor arbeidsongeschikte werknemers was immers geen kostbare afvloeiingsregeling nodig. Aan deze situatie moest een keer een einde komen. In 1990 concludeerde de Nederlandse overheid dan ook dat er moest worden ingegrepen. Om het aantal arbeidsongeschikten terug te brengen, besloot het kabinet Lubbers dezen 'een intensieve begeleiding naar reïntegratie in het arbeidsproces' aan te bieden. Als die inspanningen geen resultaten zouden opleveren, moesten zwaardere maatregelen getroffen worden.

Als resultaat van het kabinetsbesluit ontvangt mijn vriendin Caroline, net als vele anderen, op een dag een oproep voor een gesprek bij de Gemeenschappelijke Medische Dienst. Medewerkers van de GMD doen de arbeidsongeschiktheidskeuringen. Caroline heeft enkele jaren geleden nog geprobeerd parttime te werken, maar dat bleek haar ziekte te verergeren. Na de ziektewet belandde ze derhalve in de WAO, voor tachtig tot honderd procent afgekeurd, zoals dat heet.

Op de GMD blijkt haar eigen keuringsarts nu vervangen te zijn door een nieuwe arts met een grote snor, in een pak van *Hij*. Het is tijd voor een herkeuring, zegt hij. Hij pakt een vragenlijst en begint: kan mijn vriendin horen, kan zij zien en kan zij trappen lopen? Caroline maakt een voorbehoud wat dat laatste betreft, maar horen en zien gaan haar heel redelijk af. Ook kan zij zich, als dat moet, in rokerige ruimtes ophouden, ja.

Een paar weken later ontbiedt de arbeidsdeskundige van de GMD haar. 'De arts zegt dat u honderd procent belastbaar bent,' verklaart hij. Mijn vriendin gelooft haar oren niet. 'Maar meneer,' zegt ze geschrokken, 'dit moet een vergissing zijn. Ik kan niet eens een hele dag op zijn.'

'Deze houding moet ik u ernstig afraden,' antwoordt de arbeidsdeskundige, 'daarmee bereikt u hier helemaal niets.'

Caroline wil weten op grond waarvan de keuringsarts zijn conclusie heeft getrokken. Is zij ineens arbeidsgeschikt omdat zij blijkt te kunnen zien en horen? De arbeidsdeskundige slaakt enkele getergde zuchten en haalt zijn schouders op. Dan begint hij op zijn beurt ook aan een vragenlijst. Waaruit bestond Carolines vroegere werk eigenlijk en wat was daar dan zo zwaar aan? Het is op zich al tamelijk eigenaardig dat mijn vriendin geacht wordt terug te gaan naar haar werkkring zonder dat ter GMD blijkbaar bekend is wat die inhoudt, maar goed, zij vertelt in een paar woorden wat een uitgeefster zoal doet. Wanneer ze ook zegt dat het een dienstbaar beroep is waarbij vaak veel tact en diplomatie zijn vereist, zodat men dikwijls aan stress blootstaat, veert de arbeidsdeskundige op. 'Stress!' roept hij uit. 'Ik heb hier ook te maken met stress!

Ik zit hier toch zeker ook de hele dag tussen mensen die tactvol behandeld willen worden!'

Wat rot voor die man – alleen, wat zegt dat over Carolines belastbaarheid? Er zijn vast ook veel arbeidsdeskundigen die een krat Spa kunnen optillen. Maar dat is nu juist het verschil tussen een gezonde en een zieke. Hoe dan ook, tot zover Carolines intensieve begeleiding naar reïntegratie in het arbeidsproces. De tactvolle arbeidsdeskundige ziet purper van de stress omdat zijn klant zo tegenstribbelt, en zelf is mijn vriendin in tranen omdat ze zich vernederd voelt. Ontdaan zegt ze me door de telefoon: 'Ik geef nog liever mijn uitkering op dan dat ik ooit weer een voet in dat pand zet. Die man deed net alsof ik ten onrechte aanspraak maak op de WAO.'

Het is in korte tijd heel gewoon geworden om arbeidsongeschikten openlijk te beschouwen en te behandelen als onwerkwillige profiteurs die best aan de slag zouden kunnen als ze maar zouden willen. Het feit dat je ziek of gehandicapt thuis zit 'en je hand ophoudt' is plotseling een grond voor zware verdenkingen geworden. Men betaalt in dit land als werknemer premies om zich tegen arbeidsongeschiktheid te verzekeren, doch wie krachtens de wet gerechtigd is tot het ontvangen van een uitkering, die heet tegenwoordig een parasiet, en is vermoedelijk ook nog een fraudeur.

In werkelijkheid wordt er echter heel wat minder misbruik van het sociale stelsel gemaakt dan al deze stemmingmakerij en ketelmuziek suggereert: de schattingen omtrent fraude lopen uiteen van tien tot dertig procent. Dat betekent in elk geval dat zeventig tot negentig procent van de uitkeringsgerechtigden zogezegd bijzonder nette en waarschijnlijk zeer ongelukkige mensen zijn. Hetzelfde kan vast niet gezegd worden van zeventig tot negentig procent der belastingbetalers: me dunkt dat belastingontduiking, de nationale hobby, de staatskas meer dupeert dan alle steunfraude bij elkaar. Maar het excuus voor de jaarlijkse grootscheepse fiscale valsheid in geschrifte is: ik werk er immers hard voor. Wie werkt, mag de zaak tillen. Werk je niet, dan verspeel je automatisch je recht op frauduleuze handelingen. Wie door ziekte zijn baan kwijt is, moet roomser zijn dan de paus, maar torst toch het stigma met zich mee de boel te belazeren.

Waarom mensen ten onrechte worden gestigmatiseerd, is een vraag waarop historisch gezien veel antwoorden bestaan – en geen enkele daarvan is prettig. Door WAO-ers af te schilderen als onwerkwilligen en profiteurs, maakt de samenleving de weg vrij om deze bevolkingsgroep nog drastischer te beknotten in zijn financiële mogelijkheden. Als de WAO bevolkt wordt door tien procent misdadigers, wat zou de maatschappij dan nog malen om het handhaven van behoorlijke WAO-uitkeringen? Het in een kwaad daglicht stellen van arbeidsongeschikten dient maar één doel: het drukken van onze gemeenschappelijke kosten. En daardoor bevinden we ons zo langzamerhand in een maatschappij die de bereidheid tot financiële zorg voor de zwakkeren heeft ingeruild voor wantrouwen, verdachtmakingen en insinuaties. Onproduktieve zieken hebben niet alleen geen economische waarde meer, ze zijn in de publieke opinie zelfs louter tot een last geworden.

Hetzelfde gaat straks wellicht met ouderen gebeuren zodra de beroepsbevolking te klein zal zijn om alle grijsaards nog te onderhouden. Het is niet ondenkbaar dat in het jaar 2019, waarin ik en velen met mij de AOW-gerechtigde leeftijd bereiken, op bejaarden het jachtseizoen permanent geopend zal zijn, zoals bij zieken thans het geval is. Het bereiken van een krasse oude dag zal dan wellicht net zo asociaal heten als arbeidsongeschiktheid nu is, eenvoudig omdat de premiebetalers niet bereid zijn een groter deel van hun loon af te staan voor sociale zekerheid.

Het is de vraag wat er gebeurt met een samenleving die zich door gemaskeerde schraapzucht zo in haar morele en ethische waarden laat aantasten. Of liever gezegd, dat is helemaal geen vraag. We kennen het antwoord al. Je kon in het Derde Rijk ook maar beter geen handicap hebben. Een maatschappij die niet langer de verantwoordelijkheid voor haar zieken en zwakkeren wil dragen, is in aanleg al half-fascistoïde. In Duitsland, zo lees ik in de krant, schijnt het steeds vaker voor te komen dat invaliden door jongeren worden afgetuigd, zomaar, om niets, omdat ze in hun rolstoel bij een bushalte staan. Niet voor niets maken we bovendien ook in ons land opeens schokkende uitbarstingen van vreemdelingenhaat mee, uitgerekend net nu we elk mededogen met de zwakken hebben laten varen. Iedereen die ons ten laste zou kunnen komen, moet de deur uit. Pech, ongeluk, ziekte of anderszins beroerde omstandigheden: we kunnen er geen sympathie meer voor opbrengen, we zien er nog slechts een aanslag in op de schatkist en de sociale fondsen. We zijn niet ver meer van Erewhon verwijderd, we bevinden ons al op de rand van de opvatting dat *it's a crime to be unfortunate*.

Dat ik op mijn beurt niet ook in de WAO ben terechtgekomen is overigens bepaald geen verdienste mijnerzijds: de WAO is evenals de ziektewet eenvoudig niet van toepassing op kleine zelfstandigen als ik. Voor wie niet in loondienst werkt, is er uitsluitend de AAW, de Algemene Arbeidsongeschiktheidswet. Op zo'n AAW-uitkering heb ik alleen maar geen beroep hoeven doen omdat ik stomtoevallig een vak heb dat je ook nog liggend kunt uitoefenen en doordat mijn laatste boeken even stomtoevallig goed hebben verkocht.

De meeste andere mensen moeten om aan de kost te komen dagelijks de deur uit, naar kantoor of fabriek, waar vaste werktijden gelden die niet naar behoeven kunnen worden aangepast aan je fysieke mogelijkheden. Werkgevers zijn daarin dikwijls niet erg soepel. Mede daardoor zijn de meeste functies niet meer te vervullen als je niet honderd procent fit bent. Het lijkt mij al pijnlijk genoeg om je werk te verliezen en langs de zijlijn van het leven te worden geparkeerd. Het is bepaald wat veel om voor die pech nog eens extra gestraft te worden met verdachtmakingen over je integriteit als arbeidsongeschikte.

En nu beginnen in mijn hoofd dingen samen te vallen, al zouden de vreemde storingen in mijn hersencircuits daar debet aan kunnen zijn. Ook via onze terminologie over kwalen en gezondheid verraden we immers dat we ons midden in een proces van Erewhoniaanse criminalisering van ziekte bevinden. Vroeger deelde de veldwachter waarschuwingen uit aan ongezeglijke kinderen – thans is het woord 'waarschuwing', zoals in 'een waarschuwing van uw lichaam', standaard te vernemen in elke spreekkamer van het land. Wie zo subversief is ziek te worden, wordt door de dokter ernstig vermaand in beeldspraak afkomstig uit de rechterlijke macht. 'Zo'n levenswijze straft zichzelf,' zegt hij dreigend, of: 'Tja, voor die manier van leven moet u vroeger of later boeten.' Net zoals misdadigers worden gemaand tot inkeer te komen, zo moet de patiënt 'bij zichzelf te rade gaan'. Gedecodeerd luidt dat advies: overdenk je zonde en neem de volle verantwoording ervoor op je. Berouwvol dient de patiënt zich te schikken naar het medische vonnis. Hij zal zich, als ware hij naar een strafkolonie gedeporteerd om daar ter heropvoeding dwangarbeid te verrichten, moeten onderwerpen aan 'een streng regime' om zijn gezondheid te herwinnen.

Kon men vroeger nog wel eens een verzachtende omstandigheid voor een ziekbed aanvoeren ('Het is een virus' of: 'Dat komt bij ons in de familie voor'), zulke argumenten verliezen hun validiteit als een hele samenleving begint te geloven dat gezondheid een kwestie van eigen inzet is. Wie zich niet aan de voorschriften van een gezond leven houdt, die treft tegenwoordig een ethisch verwijt: ziek wordt men immers alleen nog maar wanneer men bepaalde leefregels overtreedt. De patiënt bevindt zich heden dan ook in de positie van de verdachte uit Erewhon: het is niet langer de vraag hoe hij zo verdorven is geworden, de kwestie is dat hij verdorven *is*. Zijn ziekte is immers het bewijs. Het moment van boetedoening is dus aangebroken.

Anderhalf jaar geleden kreeg mijn buurman, nog geen vijfenveertig jaar oud, een hartaanval. De schrik sloeg hem in de benen, want een mens wil niet dood. Gelukkig had zijn dokter hem duidelijk gemaakt dat het hier 'een waarschuwing van zijn lichaam' betrof, en een gewaarschuwd man telt voor twee, nietwaar. Vroeger was rust het parool na een hartaanval, tegenwoordig schrijft de dokter even dwingend juist beweging voor. Dus ging mijn buurman om zijn conditie te verbeteren sporten voor twee, en alras voor drie. Een jaar later kwam hij alleen nog naar huis om te slapen: na zijn werk was het fietsen en hardlopen geblazen en ook de weekends gingen geheel op aan trainen. Zijn vrouw zag dit alles aanvankelijk met veel begrip aan. 'Hij moet zich bewijzen, hè,' zei ze schouderophalend tegen me, 'hij moet laten zien dat hij lichamelijk weer helemaal fit is.'

Maar na een tijdje werd het toch wat bezwaarlijk dat vader er nooit meer was. De kinderen begonnen te protesteren: hij moest mee naar een ouderavond, of naar een toneeluitvoering van school. Maar vader liep liever de marathon. Hij wou ook nog alleen maar zeer speciaal krachtvoer nuttigen, als hij om half elf 's avonds afgemat thuiskwam. Ik zat erbij en ik keek ernaar en ik dacht: dit gaat niet goed.

Dat deed het ook niet. Ten slotte stelde mijn buurvrouw haar man een ultimatum: hij moest twee avonden per week thuisblijven om gewoon met het gezin te eten en daarna iets gezamenlijks te ondernemen. Dat vond hij zo'n buitensporige eis dat hij op slag zijn koffers pakte en verdween.

'Maar wat zei hij?' vroeg ik.

'Dat hij zijn gezin niet tussen zijn gezondheid en zijn trainingen kon laten komen,' antwoordde mijn verbijsterde buurvrouw.

Ik zie voorheen-mijn-buurman nog wel eens, op zijn gympen, als zijn trainingsschema het toestaat dat hij de kinderen voor een weekendje ophaalt. Vader is er niet vandoor met een jonge blom, vader is er vandoor met zijn hometrainer.

Ik vertel dit verhaal vaak, zowel met smaak als met afgrijzen, en tot mijn verbazing denken de meeste mensen dan dat ik het zelf heb verzonnen. Hoe moeilijk is het om te erkennen dat onze prioriteiten ongemerkt zijn verschoven. Slechts een enkeling noemt deze ontwikkeling hardop bij de naam. 'Wie,' zei de filosoof Hans Achterhuis bijvoorbeeld in een recent interview in *HP/De Tijd*, 'vindt tegenwoordig zijn huwelijksgeluk nog belangrijker dan zijn gezondheid?'

Mij dunkt dat je op je huwelijksgeluk heel wat meer invloed kunt uitoefenen dan op je gezondheid. Toch is een echtscheiding in onze cultuur allang geen misdaad meer. Nog maar kort geleden was scheiden moreel en maatschappelijk evenwel net zo verwerpelijk als ziekte nu is. Wat een merkwaardige stoelendans. Wat stellen onze normen eigenlijk voor, als ze even veranderlijk blijken te zijn als het weer? Nu eens zijn we heilig verontwaardigd over dit, dan weer over dat: wat juist of onjuist is, wat goed of slecht zal heten, het is allemaal om het even en bestaat slechts bij de waan van de dag.

Ik kan niet zeggen dat ik het ontspannend vind om tegenwoordig de hele tijd gedachten van dit slag te hebben. Ik stelde al eerder vast dat je het leven op zijn lelijke waarheden betrapt als je maar lang genoeg ziek bent. Ik acht dat geen winst.

Eens zag ik een fakir die zich wist op te vouwen in een plexiglas kubus van vijftig bij vijftig centimeter. Hij had een torn in de naad van zijn maillot. Vanaf het moment dat ik zijn bleke, behaarde mannenbeen door dat scheurtje zag gloren, was de magie voorbij. In gedachten zag ik een echtgenote, of hopelijk de fakir zelf, 's nachts aan een oude Singer zitten om dit euvel te verhelpen. Ik zag er een neerslachtig stemmende ruimte omheen: een flat in de Bijlmer, een tweekamerwoning in Osdorp.

Chronisch ziek zijn biedt je een blik achter de coulissen, waar de illusionist zijn apparatuur in elkaar zet alvorens zogenaamd een weesmeisje in tweeën te zagen.

Niettemin heb ik een grote interesse ontwikkeld voor de wijze waarop onze illusoire, wisselvallige maar dwingende normen tot stand komen. Is ziekte een misdaad geworden omdat gezondheid tegenwoordig als zo'n geweldige deugd wordt beschouwd, of is het andersom? Ik vermoed dat laatste. De gezondheidsterreur heeft zogezegd de economische wind mee. Wanneer zieken 'te duur' worden, dan krijgt het begrip gezondheid vanzelf een andere status: het krijgt letterlijk meer waarde. De toenemende ziekte-angst en de ziekenhaat die momenteel vigeren, houden in elk geval gelijke tred met de almaar groeiende obsessie voor gezondheid. Om de criminalisering van ziekte te begrijpen, hoef je eigenlijk alleen maar te snappen hoe ontzagwekkend diep die hele gezondheidsmanie inmiddels ingekankerd zit.

Ethicus en seksuoloog Jan Rolies noemt daar een interessante reden voor: 'Aangezien het sociale lichaam verdwenen is, plooien de mensen zich terug op het eigen lichaam,' schrijft hij in *Medisch Contact*. Hij merkt verder op: 'Ten diepste is de gezondheidsmoraal een moraal van het zelfbehoud. () Waarden als broederschap en rechtvaardigheid vallen weg, evenals de waardering en eerbied voor zwakke, gekwetste, misvormde, oudere of zieke medemensen. () Tenslotte is de gezondheidsmoraal een moraal van de angst. Angst voor ziekte, lijden, pijn en sterven bewegen velen tot "sober leven". Ziekte en dood hebben vagevuur en hel afgelost als objecten van afschuw en angst. () Het lijkt erop, dat gezondheid een nieuw overkoepelend zingevingssysteem geworden is, dat als een religie functioneert. Gezondheid en gaafheid als hoogste goed worden als een heilsleer dagelijks over ons uitgestort.'

Hoe waar die bewering is, wordt onder meer aangetoond door de televisie-kijkcijfers. Een willekeurige steekproef laat zien naar welke programma's de Nederlanders het liefst kijken: in de toptien van de meest bekeken en meest gewaardeerde uitzendingen, staan in november 1992 maar liefst vijf programma's genoteerd die over ziekten gaan. Drama, actualiteit, reportage, documentaire, het maakt niet uit, als er maar een witte jas in rondloopt.

Op het eerste gezicht lijkt het tegenstrijdig dat een samenleving die haar wegens ziekte arbeidsongeschikt verklaarde medeburgers gaarne zou laten barsten, tegelijkertijd zo hevig geïnteresseerd is in ziekte, maar al deze programma's gaan dan ook helemaal niet over ziekte; ze gaan over hoe de medische wetenschap alles overwint. Het zijn programma's over doorbraken in het aids- of kankeronderzoek (die niet zelden later weer herroepen moeten worden), over spectaculaire operaties en over ander technisch vernuft. Hun boodschap is geruststellend: wat u ook mankeert, tegenwoordig valt daar altijd wel een mouw aan te passen.

Dat laatste is een goddeloze leugen, en er klinken hier en daar dan ook gelukkig tegenstemmen op uit de cultuurfilosofische hoek, die bezorgdheid uiten over de bejubeling van de medische technologie en over de almaar voortschrijdende medicalisering van de samenleving. Maar is dat wel de kern van de zaak? Die kern wordt wellicht eerder geraakt in een opmerkelijke quiz die op de Engelse commerciële televisie wordt uitgezonden, de zogeheten *Life and Death Gamesshow*. In dat programma strijden echte patiënten om een lugubere hoofdprijs: de peperdure operatie die hun leven kan redden. Door middel van een druk op de knop beslist het publiek uiteindelijk welke kandidaat de hoofdprijs wint, en dus wie er, zou je kunnen zeggen, ten dode is opgeschreven.

Nu is het nog maar een spelletje, maar volgens huisarts Rob Oudkerk in *Trouw* naderen we in werkelijkheid helaas een vergelijkbare situatie: steeds meer mensen komen op steeds langere wachtlijsten voor steeds geavanceerdere en dus steeds duurdere medische ingrepen te staan – en als de kosten van de medische zorg straks niet meer op te brengen zijn, wie zal dan bepalen welke patiënt wel en welke niet behandeld mag worden? Zal, om maar wat te noemen, een twintigjarige niet eerder voor een dure operatie in aanmerking komen dan een vijftig-, laat staan een vijfenzestigjarige? Zal het nog de moeite waard worden geacht scheppen met geld uit te geven aan iemand met een handicap, met geringe verstandelijke vermogens, met niet-Nederlandse ouders? Zal men het leven nog rekken van iemand met een dure uitkering die door de samenleving moet worden opgebracht? Wie gaat er uit de boot vallen? Dat zijn ernstige vragen. En ze worden nijpender naarmate de gemiddelde Nederlander meer geloof hecht aan de technische maakbaarheid van gezondheid.

Uit het rapport *Kiezen of Delen* waarin de commissie Dunning in 1992 de gezondheidszorg en de kosten daarvan inventariseert, blijkt dat 55% van de Nederlanders vindt dat alle medische handelingen in ons land uitgevoerd moeten worden, ongeacht de kosten, zelfs ongeacht de vooruitzichten op genezing – zelfs met één been in de kist willen we kennelijk nog niet uitgesloten worden van een promillage-kans op eeuwig leven. Vier van de vijf landgenoten zijn dan ook, aldus het rapport Dunning, bereid per maand honderd gulden extra te betalen voor verzekeringen die meer technische mogelijkheden dekken. Voor je gezondheid moet je tenslotte alles overhebben. Alleen hebben we het allang niet meer over honderd gulden per maand. Het is ironisch, het is zelfs diabolisch: de technische mogelijkheden groeien, maar worden met de dag onbetaalbaarder. Met ons allen vergapen we ons aan een luilekkerland waartoe straks alleen nog de happy few toegang hebben.

De gulden is *the name of the game* geworden. In verkapte vorm duikt dat thema telkens op, zelfs bij de vraag op welke leeftijd vrouwen het best kinderen kunnen krijgen. 'Een slimme meid kiest haar zwangerschap op tijd', zo willen campagnes ons doen geloven, louter en alleen omdat jonge zwangere vrouwen minder vaak dan oudere aanstaande moeders een beroep doen op kostbare medische faciliteiten. Steeds vaker en steeds minder subtiel sluipen er economische aspecten in de discussie over onze gezondheid. WAO-ers wisten het allang, maar de rest van de mensheid krijgt tegenwoordig al even duidelijk te verstaan dat er een onmiddellijk verband bestaat tussen de portemonnee en een al dan niet perfect functionerend lichaam. Sommige ziektekostenverzekeraars kennen speciale premieverlagingen toe aan mensen die niet roken of drinken, een soort bonussysteem voor verantwoord gedrag, zoals de no-claim van de schadevrije automobilist. Ook het CBS peilt tegenwoordig, sedert 1989, in de doorlopende gezondheidsenquête, hoe gezond de leefwijze van de Nederlandse burger is. Het is, aldus een publikatie van het CBS, nog te vroeg voor conclusies. Maar het is wel sterk dat Nederlanders, die ooit alleen al bij het idee van een volkstelling een hartverzakking kregen en die maanden overstuur waren van een referendum over een autovrij Amsterdam, als vanzelfsprekend, zonder morren en zonder publiek debat, overgaan tot het beantwoorden van vragen over hoeveel ze roken en drinken.

Hoe alarmerend gewoon zijn zulke dingen geworden. Hoe verbijsterend weinig commentaar gaf de pers toen de verzekeringsmaatschappijen Ohra en VGZ aandeelhouder werden in het nieuwe bedrijf Assured Fitness Programs, dat twaalf zogeheten *fitplancentra* beheert, waar Ohra- en VGZ-verzekerden met korting aan hun lijf kunnen werken. 'De uitslagen van de basisconditietesten kun je als vroege diagnostiek gebruiken,' prijst directeur A. Tilanus van AFP in een interview in *Trouw* aan, 'toekomstige arbeidsuitval en ziekteverzuim kun je ermee voorspellen.'

In een wereld die geen cent meer geeft om de financiering van arbeidsongeschiktheid, hoeven we ons niet lang af te vragen hoe bedrijven hun slecht scorende werknemers zullen gaan behandelen. Tilanus evenwel ligt daar niet van wakker; in een debat in De Balie in Amsterdam zei hij eenvoudig: 'De Nederlandse burger zal in de komende jaren steeds meer verantwoordelijk worden gesteld voor zijn eigen gezondheid.' Alsof dat kan, is hierop mijn antwoord. Alsof dat terecht is. Natuurlijk kan men beter geen vijftig kilo aan overgewicht met zich meetorsen. Natuurlijk is een lichaam dat regelmatig beweegt in een veelbelovender staat dan een lichaam met de habitat van een zak binten. Maar sinds wanneer zijn we van deze vanzelfsprekendheden doorgeslagen naar de omgekeerde wereld van *Erewhon*?

Staan we soms aan de vooravond van een tijdperk waarin we alleen nog maar tegen ziektekosten verzekerd kunnen worden als we deelnemen aan een *fitplan* en we onze conditie regelmatig laten doormeten? Wellicht zijn we nog maar een stap verwijderd van een *brave new world* waarin fitness-controle net zo gewoon is als een mentale politiemacht die erop toeziet dat we geen oude rancunes koesteren en we onverwerkte woede snel opruimen om niet ten prooi te vallen aan kostbare kanker of aan wratten op de voetzool. Zo gek is die fantasie niet. We bevinden ons immers allang in een wereld waarin men gelooft dat men de sterfelijkheid zelf, de grijze maaier, de dood, al joggend de baas kan blijven. Mensen met zoveel doodsangst horen niet zozeer in een *fitplan* thuis, lijkt mij, als wel bij de psychiater.

Het ware psychiatrische geval blijk ik echter natuurlijk nog steeds zelf te zijn.

Aangezien mijn toestand hardnekkig onveranderd blijft, vindt ook mijn aardige internist op een dag dat ik maar eens wat 'deskundige gesprekken' moet gaan voeren.

Ik heb geen warme gevoelens voor psychiaters en psychologen sedert ik mijn zusje in hun handen tenonder heb zien gaan. Aan de andere kant wil ik geen methode onbeproefd laten. Vooruit dan maar.

De psychiater bij wie ik terechtkom, lijkt helaas nogal op Anthony Perkins in Hitchcocks *Psycho*, waardoor het me van meet af aan moeilijk valt te geloven dat hij geestelijk veel gezonder is dan ik. Deze dr Norman Bates begint met weinig innemend te verklaren dat ik dan wel schrijfster mag zijn, maar dat hij nog nooit iets van me heeft gelezen. Die opmerking zal wel een therapeutische grondslag hebben, denk ik snel; hij bedoelt natuurlijk dat hij me beschouwt als gek onder de gekken en dat ik hier verder geen kapsones hoef te hebben. Of misschien test hij op deze manier in hoeverre mijn gevoel van identiteit afhangt van mijn beroep. Ik houd mijn kaken voorzichtigsheidshalve in elk geval maar op elkaar.

De psychiater fulmineert nu enige tijd over de ondraaglijke saaiheid van de Nederlandse letteren – zelf leest hij alleen maar buitenlandse literatuur. Grote genade, het is net alsof ik op een spreekbeurt in Schin op Geul ben! 'Hoe weet u dan,' vraag ik scherpzinnig, 'dat Nederlandse romans zo slecht zijn?' Geoefend werp ik een tersluikse blik op mijn horloge. Het consult is al voor de helft om. Krijg ik nog waar voor mijn geld of niet?

Dat krijg ik. Dr Norman Bates blijkt maar tien minuten

nodig te hebben om mijn geval op te lossen. Bij mensen met mijn klachten is altijd hetzelfde loos, zegt hij: wij hebben verzuimd in ons vijfendertigste levensjaar een nieuwe weg in te slaan. Ik zwijg, op slag geïmponeerd. Ik ben immers rond mijn zesendertigste verjaardag ziek geworden.

De vijfendertig, vervolgt Bates, is een soort Rubicon, die men, gelijk Caesar, niet vrijblijvend kan oversteken. Doet men dat wel, dan gaat men door met putten uit levenskrachten en impulsen die hun langste tijd hebben gehad, met een totale afmatting als gevolg.

Weer thuis overdenk ik deze woorden terdege. Ik vind eerlijk gezegd dat ik de laatste jaren juist stappen van grote betekenis heb gezet, van het opzeggen van mijn baan bij *Opzij* tot en met het feit dat ik eindelijk in het reine heb weten te komen met mijn zusjes dood en sedertdien heel andere boeken ben gaan schrijven. Of tellen deze dingen niet? Ligt er dan nog meer te rotten? Maar wat dan?

Het lukt me niet om dit vraagstuk bevredigend met mijn psychiater te bespreken, aangezien er telkens iets mis gaat met onze afspraken. De dokter blijkt te bestemder ure niet aanwezig, of komt twee uur te laat opdagen, wat geen stevige basis voor onze vertrouwensrelatie legt. Als ik eindelijk oog in oog met hem zit ben ik telkens te moe en te geagiteerd om nog een verstandig woord te kunnen spreken. Hij heeft de enerverende gewoonte me onbeweeglijk aan te staren terwijl ik in de minestronesoep van mijn afatische hoofd naar klinkers en medeklinkers zoek, en hij houdt een pen in de aanslag voor het geval ik iets zeg wat het noteren waard is. De punt rust alert op het papier – maar bewegen doet die verder betreurenswaardig weinig.

Op een dag zegt hij, terwijl ik net de gelukkige illusie heb iets steekhoudends te beweren, ineens afgemeten: 'Wat zit u er toch altijd vreemd bij.'

'Vreemd,' herhaal ik mat. Al zolang ik ziek ben heb ik

de neiging me niet meer te bewegen nadat ik me op een stoel heb weten te mikken. Ik blijf hangen zoals ik neerkom. Wanneer men niet de kracht heeft om ook maar een kaarsvlammetje uit te blazen, dan gaat men niet telkens atletisch verzitten totdat een sociaal bekoorlijke houding is gevonden.

'Ja, zo defensief,' vindt hij.

Mijn oog valt op mijn scheef uitstekende heup. 'Nou, defensief,' zeg ik op redelijke toon, 'scheef, zou ik eerder zeggen.'

'Maar zit dat comfortabel, dan?'

Ik sta op het punt om te zeggen: 'De betekenis van dat woord is mij helaas al jaren onbekend,' als ik ineens besef dat mijn ongemak, mijn ziekte, bij hem natuurlijk nooit enig gewicht in de schaal zal leggen: mijn ziekte is voor hem slechts het symptoom via hetwelk mijn zieke geest zich kenbaar maakt. Hij heeft niets aan een cliënt met een fysieke aandoening, ook voor hem moet de schoorsteen roken. Stel je voor dat zieken *ziek* waren.

Ik denk: ik zit hier bij iemand voor wie de lichamelijke kant van de zaak geen enkele rol speelt, bij iemand voor wie de mens blijkbaar louter uit geest bestaat ('Wat heeft u daar toch voor alarmerende sliertjes, mevrouw Dorrestein?' 'Gunst, dokter, ik noem dat altijd mijn vingers.'). Men mag veel van mij vragen, maar niet dat ik een psychiater serieus ga nemen die mij, inclusief mijn ziekte, niet serieus neemt. Ergo: wat doe ik hier? Zachte vioolmuziek zwelt aan.

Ik zeg liefjes: 'Dat zit heel comfortabel, ja.' Ik span mijn spieren, ik buig me voorover, ik tik op het vel papier waarboven zijn pen roerloos zweeft in afwachting van iets belangwekkends, ik zeg: 'Schrijft u dit maar op, ik dicteer: zit scheef, maar lekker.'

Mijn hart klopt in mijn keel, ik ben bepaald niet, hoe graag ik die schijn ook wil wekken, afstandelijk of ironisch; ik voel overal zweet prikken, want hoe je het ook draait of keert, hier gaat weer een deur voor mijn neus dicht, dat geleuter over die Rubicon is de zoveelste diagnose die geen klap met mijn ziektebeeld te maken heeft, daar zit ik weer, zit ik weer, zit ik weer, en morgen komt er weer een dag en daarna nog zo een. Ik ben bijna in tranen.

De psychiater lijkt een moment te aarzelen. Dan rukt hij het papier naar zich toe en kalkt in hoekige koeieletters driftig neer: ZIT SCHEEF MAAR LEKKER.

Enkele ogenblikken kijken we elkaar aan. Nog even denk ik dat de situatie alle kanten op kan. We zouden nu in lachen kunnen uitbarsten. We zouden elkaar misschien nog kunnen vinden als we om te beginnen onszelf wat minder serieus namen. Dan zegt hij: 'We hoeven denk ik geen nieuwe afspraak meer te maken.'

Later zal ik overigens gelukkig toch nog een aardige en scherpzinnige therapeute vinden, die me regelmatig uitlacht en om wie ik zelf even vaak straffeloos kan lachen. Ze bestaan wel, je moet alleen het geluk hebben er een te treffen. Een jaar 'deskundige gesprekken' later, gesprekken die mij veel inzicht verschaffen in waarom ik het zo bijzonder pijnlijk en moeilijk vind om ziek te zijn, zal ik evenwel nog steeds niet de geringste verbetering in mijn fysieke toestand kunnen constateren. Maar waarom zou ME ook overgaan van een psychotherapeutische behandeling? Iemand met longemfyseem verwacht toch ook niet in alle ernst dat zijn longblaasjes door een therapietje weer elastisch en groter van capaciteit worden? Of misschien verwacht men dat tegenwoordig trouwens wel.

Ik kan me niet onttrekken aan de indruk dat de tendens om aan alle kwalen een grote psychische component toe te dichten, naadloos aansluit bij de tendens om zieken en arbeidsongeschikten te criminaliseren. Door iedere aandoening een psychische oorsprong te geven, geeft men de patiënt er zoals gezegd de volle verantwoordelijkheid voor, en waarom zou de gemeenschap zich nog verplicht voelen op te draaien voor de kosten van een situatie die iemand over zichzelf heeft afgeroepen? Wat een rechtvaardiging biedt de holistische gedachtengang voor het afschaffen van de WAO, wat een cruciale bijdrage hebben de kwakdenkers geleverd aan het maatschappelijke proces van verdachtmaking van arbeidsongeschikten.

En ook de gezondheidszorg mag deze briljante geesten wel dankbaar zijn: al die hoofdzakelijk psychische aandoeningen zullen op termijn immers reusachtig kostenbesparend zijn. En wat zal onze samenleving daardoor gezond worden.

Caroline laat het er overigens niet bij zitten. Zij komt zo snel ze kan in de gammele benen, schrijft beleefde doch dringende brieven, begeeft zich opnieuw naar de GMD en verneemt daar van een besmuikte arbeidsdeskundige dat haar uitkering gecontinueerd zal worden: hij heeft wel 2500 vacatures bekeken, maar 'helaas geen passend werk voor haar kunnen vinden.'

Mijn vriendin is al opgestaan als hij daar vlijtig aan toevoegt: 'Uiteraard kunt u tegen deze beslissing in beroep gaan.'

En een paar maanden later resulteert een dreigende kabinetscrisis in een vernieuwing van de WAO, die onder meer behelst dat toekomstige arbeidsongeschikten na 'een gewenningsperiode' een uitkering krijgen die in de meeste gevallen veel lager uitvalt dan de oude. Herkeuringen met gebruikmaking van telkens nieuwe criteria zullen voortaan aan de orde van de dag zijn. En wie de pech heeft te lijden aan 'een medisch niet voldoende aantoonbare aandoening' kan een WAO-uitkering verder wel vergeten. ME is bij uitstek zo'n aandoening. ME zit immers louter en alleen tussen je oren.

ACHTSTE BEDRIJF

> De ME-Stichting, de kordate patiëntenvereniging van
> ME-lijders, organiseert een informatiebijeenkomst.
> Het oogmerk van deze middag is zoveel mogelijk
> medici kennis te laten maken met het syndroom.
> Er zijn, vertelt een van de organisatoren me vlak
> voor de aanvang opgewonden bij een kopje thee,
> 175 doktoren uitgenodigd. Wij staren lange tijd
> naar de deur.
> Er komen drie artsen opdagen, onder wie een
> tandarts.

Ziek zijn is geen statisch gegeven, het is een proces dat
zich zoals alle processen kenmerkt door een aaneenschakeling van verschillende stadia, niet alleen fysiek maar
ook mentaal. Je maakt eens een fase mee waarin je er zus
over denkt, en dan weer een fase waarin je eerder zo van
mening bent. Dat die ontwikkelingen ooit een eindpunt
zullen bereiken ligt niet erg voor de hand: zolang je leeft,
verander je. Net meen je een houding te hebben gevonden
of je moet alweer concluderen dat er ongemerkt accenten
zijn verschoven.

Een tijdlang gaat het me goed af om een toegewijde patiënt te zijn. Ik heb er trouwens ook een hele dagtaak aan,
met mijn euritmie-oefeningen, mijn slaapjes, mijn wande-
lingetjes, mijn lavendelbadjes, om de paar dagen een mas-
sage met kruidenthee na, elke week de chiropractor (die
het een kwestie van 'een brokje ethiek' vindt om ook 'een
stuk communicatie in de behandeling in te bouwen', zodat
wij samen veel kleppen over het leven, het zijne in het

bijzonder) en iedere dinsdagmiddag kunstzinnige therapie, waar ik intensief rode en blauwe cirkels schilder omdat het op antroposofische gronden heilzaam voor me is 'met kleur bezig te zijn'.

Tot mijn eigen verbazing ga ik graag naar mijn schilderclubje. Ik ben er tenminste niet de enige kneus. We zijn collega's onder elkaar: vijf vrouwen die op heel verschillende manieren door hun lichaam in de steek zijn gelaten. Hoewel we hartverkwikkend tegen elkaar kunnen aanzeuren over de smarten van ons bestaan, zit ik meestal alleen maar zielstevreden voor me uit te verven, voor anderhalf uur van alles verlost, in de veilige enclave van het lokaal met z'n mooie hoge ramen, onder de hoede van een vriendelijke therapeute die zelfs in de ergste bagger die ik bij elkaar schilder altijd nog iets te prijzen vindt. Oh heerlijke kindertijd, denk ik vaak zonder het minste cynisme als ik mijn penseel in de verf doop om een zonsondergang van geringe kwaliteit op te zetten.

Maar natuurlijk wil ik mijn leven op termijn niet in een veilige enclave of in een vakantiekolonie doorbrengen. Sedert ik me wat beter met mijn ziekte heb leren verstaan, heb ik weliswaar meer rust gevonden, maar iedere vorm van berusting is nog steeds verre van mij. Wat mijn vriendinnen zo graag voor totale acceptatie aanzien, is in werkelijkheid niet veel meer dan het opbeurende inzicht dat ik dan wel een ziekte mag hebben, maar dat die ziekte mij niet heeft. Iets in mij, wie weet mijn ziel, blijft onaanraakbaar voor die gore tentakels. Ik hoef er dus niet meer op dagelijkse basis tegen tekeer te gaan. Ik zie het maar zo: we zijn celgenoten, mijn ziekte en ik. We hebben een modus vivendi ontwikkeld. Ogenschijnlijk zijn we zelfs een verdraagzaam stel. Maar het blijft hij eruit of ik eruit.

En daarom is ook deze kalmte weer een voorbijgaande fase. Het is de stilte voor de storm. Terwijl ik tot rust kom, ben ik bezig krachten te verzamelen voor een nieuwe aanval. Er moet een weg uit dit moeras zijn.

'Of toch voedsel,' zegt Caroline, 'voedsel moet op de een of andere wijze een rol spelen: men is wat men eet.'

We zitten bij haar thuis voor de haard en proberen onze theorieën op elkaar uit. We zijn omringd door stapels boeken die onze klachten op de meest uiteenlopende manieren verklaren. We lezen elkaar afgrijselijke passages voor over iets wat *totale allergie* heet (met onze symptomen als gevolg), en over de niet minder afschuwelijke resultaten van een uitgezaaide infectie van darmschimmel (met onze symptomen als gevolg). Caroline citeert uit een dikke pil over vitamine- en mineralentekorten (met onze symptomen als gevolg), terwijl ik op mijn beurt een ronduit luguber boek heb over de verwoestende effecten van lekkende amalgaamvullingen in het gebit (met onze symptomen als gevolg). We hebben rapporten over de ziekmakende werking van de monitorstraling van computers (met onze symptomen als gevolg) en over de invloed van de milieuvervuiling op de gezondheid (met onze symptomen als gevolg).

Waar zullen we eens beginnen?

Waarom is er over ME toch zo weinig bekend? Waarom circuleren er de malste theorieën over, en waarom zijn er geen medici die die theorieën eens toetsen? Wat is dit voor een krankzinnige toestand?

Maar eigenlijk weet ik het antwoord al. Niet het hele antwoord, maar in elk geval een deel ervan – en het is opnieuw een van die waarheden die ik liever niet zou kennen. Hartelijk dank, ik kan wel zonder.

Laten we beginnen met de feiten. Volgens zowel Nederlands onderzoek als vrijwel alle buitenlandse bronnen, moet 0,1 tot 1 % van de bevolking aan ME lijden, dat wil zeggen in ons land alleen al tussen de vijftienduizend en honderdvijftigduizend mensen. Je zou verwachten dat een ziekte die zoveel slachtoffers maakt, in het brandpunt van de belangstelling staat. Maar om te kunnen snappen waarom dat niet het geval is, moeten we het eerst eens hebben over de getroffenen. 'Mensen' is niet het juiste woord voor ME-patiënten. Bijna tachtig procent van hen zijn namelijk vrouwen.

Nu geraak ik op glad ijs, dus laat ik eerst, om geen ruzie te krijgen, nog maar een rustgevend verhaaltje vertellen.

We hebben toch alle tijd, schat? Kom bij me zitten, op de rand van mijn bed, of op het puntje van de bank. Je zit er veilig. Op basis van mijn geslacht ben ik dan wel schuldig bevonden aan de erfzonde, maar wees gerust, vandaag heb ik daar geen energie voor, voor zulk een kolossaal karwei als het verspreiden van de erfzonde. Geef me liever een glas water, liefste. Goh, dankjewel zeg. Nog nooit zulk lekker water geproefd.

Weet je wat? Ik zal je iets voorlezen, want voor het verzinnen van een verhaal heb ik eigenlijk ook niet de fut, sorry. Geef me *Het Nederlands Tijdschrift voor Geneeskunde* eens aan. Daar staat in dat ME wellicht niets anders is dan een nieuwe verschijningsvorm van de klassieke depressie. ME-ers zouden eenvoudig mensen zijn die de weg in het leven zijn kwijtgeraakt. Wat dr Bates al zei. Weet je nog? Schat? Weet je nog, die onbeschofte psychiater? Oh, je denkt dat ik het weer over het psychologiseren van ziekte ga hebben! Nou nee. Dat onderwerp hangt mij vast nog verder de keel uit dan jou. Jouw grote, belangrijke keel. Wat is daarbij vergeleken mijn fragiele strottehoofd? Nee, we gaan niet kibbelen. Ik heb mezelf TOTAAL in de hand. Kijk maar in mijn hemelsblauwe ogen: zo koel als ze staan, zo kalm (ofschoon misschien wat dof). Zakelijk bestudeer ik een artikel in Nederlands meest prestigieuze geneeskundige tijdschrift. Er staat in dat ik waarschijnlijk alleen maar al jarenlang een depressie heb.

Natuurlijk engel, een depressie is volstrekt respectabel, dat is het punt niet. De ziekten van de ziel verdienen inderdaad niet minder aanzien dan die van het lichaam.

Maar ze moeten wel uit elkaar gehouden worden, aangezien ze anders nooit op de juiste manier kunnen worden
behandeld.

Hè toe, val nou niet in slaap. Zelfs al herhaal ik mezelf.
Lieve help, hoe zou ik mezelf niet kunnen herhalen? Heb
jij wel eens duizend dagen achtereen op de bank gelegen?
En? Hoeveel nieuwe ideeën kreeg jij toen nog per week,
per maand? Geef me nog maar een glas water.

Als bewijs voor mijn depressie, en dat zal je interesseren,
wordt door de auteurs van dit artikel aangevoerd dat sommige ME-symptomen op die van een depressie lijken – alleen lijken weer andere ME-symptomen juist op die van
MS of die van systemische lupus, dus dat argument is niet
bijzonder overtuigend. Bewijs nummer twee: bij ME-ers
komen vaak depressieve klachten voor. Nu jij weer. Be-
aam het maar: heb ik weleens sombere momenten of niet?
Huil ik weleens op je schouder of niet? Ik erken het, ik
beken het, ik geef het toe. Zelf geloof ik dat een mens niet
anders kan dan af en toe huilen, als zij eindeloos en uit-
zichtloos zwaar ziek is. Ken jij iemand die daar altoos een
zonnig humeur bij zou behouden? De depressieve gevoelens van de gemiddelde ME-er lijken mij dus eerder een
gevolg van de ziekte dan een oorzaak ervan.

Maar weet je, een proef op de som zou in dit opzicht
bijzonder eenvoudig te nemen zijn. Er bestaan tegenwoordig immers uitstekende psychofarmaca waarbij zelfs suï-
cidale depressiepatiënten grote baat vinden. Wat is er op
tegen, zeker nu de bijwerkingen nauwelijks meer iets
voorstellen, om ME-ers massaal antidepressiva voor te
schrijven? Zij zouden dan fijn op slag beter worden, het
gelijk van veel artsen zou aldus bewezen zijn, en we zouden kortom allemaal enorm gelukkig wezen.

Men moet in naam van de wetenschap niet bang zijn
voor een nuttig experiment, en daarom heb ik eens een
behoorlijke tijd antidepressiva van het merk Anafranil geslikt. Een vriendin maakte op hetzelfde moment een echte

depressie door, en zij slikte met me mee. Binnen vier weken was zij een nieuw mens. Haar sombere gevoelens verdwenen als sneeuw voor de zon en haar apathie maakte plaats voor een aanstekelijke levendigheid. 'Het lijkt wel alsof ik een hulpmotor heb,' zei ze voortdurend verrukt. Bij mij gebeurde er geen bal. Ik had graag de rest van mijn levensdagen Anafranil geslikt als ik daarmee mijn cognitieve functies, mijn energie en mijn levenslust terug had gekregen – maar helaas, na drie maanden moest ik concluderen dat ik die pillen net zo goed kon laten staan. Het zal zeker zo zijn dat een depressieve ME-patiënt met dit soort medicamenten van haar depressie afkomt, maar haar ME zal er jammer genoeg niet door verdwijnen. Het lijkt me dat elke arts dit zelf zou kunnen vaststellen, en dan zijn valse voorlichting over ME moet staken.

Liefje? Waar ga je heen? Ik vroeg je waarom het medische bedrijf maar de gekste mededelingen over ME doet en intussen absoluut niet geïnteresseerd lijkt in het achterhalen van de waarheid. Waarom kan het blijkbaar niemand schelen wat ME werkelijk is?

Laat ik zelf maar antwoord op die vraag geven. Het is mijn simpele, doch naargeestige theorie dat ME met heel andere ogen zou worden bekeken als de vijftienduizend tot honderdvijftigduizend slachtoffers hoofdzakelijk mannen waren in plaats van vrouwen – al was het maar omdat de uitval op de arbeidsmarkt dan omvangrijker zou zijn en er dus grotere economische belangen op het spel stonden. Was ME een typische mannenziekte geweest, dan was er van meet af aan ernstig gesproken over een zorgwekkende epidemie, en was iedereen op zijn kop gaan staan om de oorzaken op te sporen. Als mannenziekte was ME een alarmerend verschijnsel geweest, een medische uitdaging, een onderwerp voor conferenties met flip-overs en dia's van zieltogende apen na inspuiting met ME-materiaal. Wie weet was ME dan net zo belangrijk gevonden als aids.

Laat ik het zo stellen: dan was in elk geval niemand op het idee gekomen om deze aandoening te vergelijken met het verschijnsel hysterie dat in de vorige eeuw ook voor zulke raadselachtige symptomen zorgde. Aangezien het overwegend vrouwen zijn die aan het ME-syndroom lijden, ligt die vergelijking blijkbaar voor de hand. Zowel in de populaire als in de medische pers duikt zij regelmatig op, net als de vergelijking met neurasthenie, de onverklaarbare zenuwaandoening waaraan in het fin de siècle alweer hoofdzakelijk broze vrouwtjes ten prooi vielen. Hysterie, neurasthenie en ME: ze worden aldus tot een natuurlijke keten geregen, als een snoer paddeëieren: in feite, zo luidt de onderliggende boodschap, komen al deze aandoeningen op hetzelfde neer, zij het onder een andere naam.

Deze redenering maakt het bijna onmogelijk om ME nog te beschouwen als een ziektebeeld met eigen karakteristieken: het complete syndroom wordt via deze gedachtengang immers eenvoudig verwezen naar het gebied van schimmige 'vrouwenkwalen', dat, zoals wij allen weten, aan de ene zijde wordt begrensd door het rijk der fabelen en aan de andere kant door het land der bloedende baarmoeders, vleesbomen en eileiderontstekingen. Ingeklemd tussen deze twee uitersten, heeft 'de vrouwenkwaal' een wonderlijke status: enerzijds bestaat er vaak een zekere onwil om het lijden van vrouwen serieus te nemen, terwijl men anderzijds meent dat deze ongelukkige schepselen vanuit hun biologische lotsbestemming nu eenmaal voor het lijden zijn geboren. Of misschien is dat helemaal geen paradox, maar gewoon een kwestie van oorzaak en gevolg: omdat er toch altijd iets loos is met vrouwen, is men niet meer zo geïnteresseerd in hun klachten. Die horen bij het leven, zoals vorst bij januari. Niks om van wakker te liggen. 'Vrouwen hebben nu eenmaal altijd wat.' Uit die volkswijsheid blijkt het al: er bestaat het algemene vermoeden dat er bij vrouwen steeds een connectie is tussen hun geslacht en hun medische klachten. Die klachten verliezen daarmee nog verder aan status, want we leven nu eenmaal in een wereld waarin vrouwen minder aanzien genieten dan mannen. Vraag mij waarom ME nog steeds zo'n obscure kwaal is en ik zeg u om te beginnen: 'En wel hierom.'

Uit onderzoek, zo lees ik in *Opzij*, is jaren geleden al gebleken dat (huis)artsen de klachten van vrouwen vaker dan die van mannen het predikaat 'vaag' geven. Zij denken om precies te zijn bij vrouwelijke patiënten eerder aan 'gezeur' – al heeft dat woord plaats moeten maken voor een ander, sedert feministische onderzoeksters aan het licht hebben gebracht dat er in een vrouwenleven vaak sprake is van ziekmakende factoren. Sindsdien diagnostiseren de verzamelde medici van Nederland bij vrouwelijke patiënten vooral klachten van *psychosociale aard*. Detail: daarbij willen ze, zo toonde hetzelfde onderzoek aan, niet zelden een belangrijke ziekte over het hoofd zien.

Voor ME, zo blijkt uit de verhalen van vrijwel elke ME-patiënte, gaat dit bij uitstek op. ME staat bij ontelbare artsen bekend als 'de vage klachten' van een stel zeurende vrouwen. Maar ik zou weleens willen weten wat er vaag is aan deze klachten. Voor mij persoonlijk zijn ze vierentwintig uur per dag bijzonder reëel. Van vaagheid is uitsluitend sprake aan de zijde van de medische wetenschap. We moeten de zaken niet omkeren. Maar in omkeringen is het fallocratische medische bedrijf altijd zeer bedreven geweest. Ik zal een amusant historisch voorbeeld geven. Toen de Hollandse anatoom Reinier de Graaf in de zeventiende eeuw ontdekte dat alle dieren, dus ook de mens, hun oorsprong vinden in een eicel, toen was Leiden lelijk in last. Sedert Aristoteles was men er namelijk steeds van uit gegaan dat de vrouw bij de voortplanting geen actieve rol vervulde. Dit wonder zou zich hoofdzakelijk via de vader voltrekken, en wel doordat die zo goed was zijn zaad in de passieve baarmoeder te storten, zaad dat stampvol minimensjes zat, waarvan er hopelijk eentje in de vruchtbare grond van de baarmoeder tot wasdom zou komen. De Graaf constateerde nu dat er zich behalve dit wachtende vat ook nog eicellen in het vrouwelijk organisme bevonden, sterker nog, zelfs lang vóór de coïtus. Deze ontdekking bracht het gezag van de man in gezin en samenleving niet weinig in gevaar. Tot halverwege de achttiende eeuw werd dan ook gewaarschuwd, onder andere door Gautier d'Agoty in zijn *Zoo-génésie*, dat men vrouwen beslist niet 'alle eer van de voortplanting' moest gunnen. Over paarlen van medische wijsheid gesproken.

Dit voorbeeld toont aan dat men tot voor kort nog niets snapte van het vrouwelijk lichaam. Historisch gezien bestaat het nog maar net voor medici, tot aan Aletta Jacobs uitsluitend mannen: het bestaat namelijk pas sedert de negentiende eeuw. Tot ver voorbij de late middeleeuwen nam de artsenij het mannelijk lichaam als algemeen uitgangspunt, en beschouwde men vrouwen als onvolmaakte en gebrekkige wezens. De schepping van deze misbaksels werd slechts gerechtvaardigd door het feit dat zij de ontvangster waren van het mannelijk zaad en de verpakking van een nieuw zieltje Gods: vanaf de renaissance gold de vrouw vanuit medisch oogpunt louter als een wandelende baarmoeder. Van haar hele anatomie werd alleen dit orgaan grondig bestudeerd. Alle overige fysiologische verschillen tussen de geslachten werden over het hoofd gezien. Sedert de dagen van Hippocrates is het vrouwelijk lichaam dus systematisch verwaarloosd, totdat pas in ons tijdperk feministische onderzoeksters daarin verandering brachten. Zij wijzen er op dat, hoewel inmiddels algemeen bekend is dat mannen en vrouwen tot en met hun hemoglobine van elkaar verschillen, de medische kennis over vrouwen tot op de dag van vandaag gigantische leemtes vertoont. Wetend hoe lang de geneeskunde al bestaat, is dat voor de helft van de mensheid op z'n minst beledigend, maar hier hebben we in elk geval weer een deel van het antwoord op de vraag waarom ME, een ziekte die zoveel slachtoffers onder vrouwen maakt, een medisch raadsel is: de vrouw zelf is nog steeds een niet geheel opgehelderd pathologisch raadsel.

En zelfs in onze tijd vergeet men bij het testen van nieuwe geneesmiddelen vaak vrouwelijke proefpersonen in te zetten. Men ziet eenvoudig over het hoofd dat mannen en vrouwen verschillend op een bepaald middel zouden kunnen reageren. Oude patronen slijten langzaam.

Recht zo die gaat, mannen.

Ook het concept van de vrouw als wandelende baarmoeder wil maar niet echt verdwijnen. Nog maar kort geleden maakte medisch sociologe Ingrid Baart, eveneens ME-patiënte, daarvan een fraai staaltje mee. In *Opzij* beschrijft ze hoe een onderhoud met een keuringsarts van de GMD ineens een vreemde wending nam toen de arts vroeg:

> 'Bent u ooit geopereerd?' 'Nou nee ... ik heb eens een kijkoperatie gehad voor een vruchtbaarheidsonderzoek, maar ik neem aan dat u dat geen operatie noemt?' Plots veerde hij op, legde zijn pen neer op het bureau en keek me indringend aan: 'En wat was het resultaat?' 'Gewoon; onverklaarbaar onvruchtbaar, maar dat is inmiddels al meer dan tien jaar geleden...' 'Ah,' verzuchtte hij, 'nu heb ik houvast.' Mijn mond viel open, ik sputterde nog wat tegen en bevond mij vervolgens sprakeloos in de lift naar beneden. In zijn rapport heet het zo: 'Er zijn aanwijzingen voor mogelijke psychotraumata, met name ten aanzien van de sociale rol van belanghebbende.'

Met het onderwerp 'vrouwen en gezondheid' bevinden we ons kennelijk meteen op het terrein van zeden en moraal. Vanaf de ontdekking van de baarmoeder kreeg de vrouw in ethische en praktische zin een uitgesproken rol in het leven toebedeeld. Haar natuurlijke taak was het baren van een groot nageslacht, en haar sociale taak was dan ook de hoedster van het gezin te zijn. Hield zij zich aan die rol, dan had zij de beste kans om gezond (en gelukkig) te blijven. Ondanks het feit dat veel vrouwen deze rol tegenwoordig niet meer voetstoots ambiëren, fungeert die nog altijd als toetssteen voor hun geestelijke en lichamelijke gezondheid.

Ik ben geen aanhanger van komplottheorieën, maar wanneer men weet dat de gezondheidszorg er zulke middeleeuwse denkwijzen op na houdt, gaat men met betrekking tot ME haast een verborgen of in elk geval onbewust motief vermoeden: wie zou zich de benen uit het lijf hollen voor het bestrijden van een kwaal die de vrouwtjes precies daar doet belanden waar zij horen, namelijk thuis, en die hen reduceert tot hun zogenaamd natuurlijke staat, namelijk hulpeloos, hersenloos en zwak?

Onlangs vroeg iemand mij waarom ik zo graag zou zien dat de ziekte waaraan ik lijd, meer erkenning krijgt van de medische wetenschap. 'Wat kan het je schelen?' vroeg ze. Ze keek me geringschattend aan. 'Wil je soms de bevestiging van een stelletje mannen?'

Zeker wil ik dat, aangezien dat mijn kansen op genezing dramatisch zou verbeteren. Ik heb nogal wat te winnen bij de goedkeuring, of zelfs maar de interesse van deze mannen. Sterker nog, geef me een miljonair en ik trouw ter plaatse en in het wit met hem om uit zijn middelen een ME-onderzoeksfonds te kunnen financieren. Hier is je thee, schat. Eén schepje suiker? Twee?

Het zal inmiddels niemand meer verbazen dat er in Nederland slechts op één plaats ME-onderzoek wordt verricht, namelijk in het Radboud Ziekenhuis in Nijmegen. In het buitenland is op veel intensievere schaal onderzoek gaande, vermoedelijk omdat ME maatschappelijk zichtbaarder is in landen waar de arbeidsmarktparticipatie van vrouwen hoger is dan bij ons – en dat is vrijwel overal het geval. In de Verenigde Staten bijvoorbeeld, waar vrouwen een grote rol in het economisch verkeer spelen, speurt men op letterlijk ontelbare universiteiten naar de oorzaak van ME. Bij het grootste onderzoek tot dusverre, zo meldt de *New York Times* van 16 januari 1992, 'zijn bewijzen gevonden voor een neurologische afwijking. Bij dit onderzoek zijn ook immunologische en hormonale verschillen aangetoond tussen lijders aan het syndroom en gezonde mensen.'

Ik geef het hierbij maar even door, als tegenwicht voor mijn vast ook heel verschrikkelijke psychotraumata.

En intussen vervolgen Caroline en ik als Sherlock Holmes en Watson onze speurtocht naar de waarheid, en daarmee naar een strategie die onze vijand zal vernietigen. We hebben jaren de gelegenheid gehad over ME na te denken, de merkwaardige verschijnselen te inventariseren en te bestuderen, en een flinke dosis ervaringsdeskundigheid op te bouwen. (Iemand geïnteresseerd in onze kennis?) Wij geloven geen van tweeën meer in de oertheorie over de ziekte, namelijk dat er een specifiek ME-virus aan ten grondslag zou liggen. 'Je kunt gewoon aan je water voelen dat het ingewikkelder is dan dat,' zegt Caroline. 'Het is een puzzel, er zijn meer stukken.' Zij heeft een virale hersenvliesontsteking doorstaan, ik heb ooit de ziekte van Pfeiffer gehad: we voelen beiden dat ME domweg iets anders is dan een zoveelste virusinfectie. Hier is niet een enkelvoudige ziektekiem aan het werk, hier spelen verscheidene desastreuze factoren verwoestend op elkaar in, hier zijn kettingreacties gaande, hier wordt intern gepingpongd dat het een aard heeft. Hoe komt die kwaal anders aan zijn zo totaal onvoorspelbare verloop, zijn gekmakende ups en downs?

We herkauwen de feiten maar weer eens. Binnen- en buitenland melden dat ME in elk geval een ziekte van het afweersysteem moet zijn. 'Dus niet van de baarmoeder,' zingen we in koor, want men ontwikkelt vele kwinkslagen, zinkend in hetzelfde schuitje. O god, wat zijn wij het stuurloze gedobber en gezwalk zat. 'Ik kan wel huilen.' 'Ik ook.' 'Hoe moet het verder met ons?' 'Ja, wat zal er van ons worden?' Briljante dialogen. Twee vrouwen bij de haard, met een stapel boeken. Help ons. Help ons.

We schrapen onze keel. We dwingen het beeld opzij: twee vrouwen bij de haard, en help ons. We doen net alsof het werkelijk iets uitmaakt wat wij ervan vinden. We zeggen tegen elkaar: 'Oké, dus volgens de literatuur is bij ME-patiënten waarneembaar sprake van een immuunsysteem dat zich gedraagt alsof het blootstaat aan chronische stimulatie door een nog onbekend virus.' Intussen denken we: leg ik straks jou in bed, of jij mij?

'De term *alsof*,' zeg ik verstandig, 'is hier het sleutelwoord. Het immuunsysteem gedraagt zich *alsof* er sprake is van een chronische stimulatie door een nog onbekend virus.'

'Juist,' zegt Caroline. 'Er kan een virus in het spel zijn, maar er kan even goed een andere oorzaak zijn voor die immuundeficiëntie.' We kijken elkaar uitgeput aan. We zitten hier al ruim een uur. En woorden als 'immuundeficiëntie' zijn tamelijk vermoeiend. Het is zo zoetjes aan wel weer bedtijd.

Amerikaanse ecologen opperden als eersten het vermoeden dat milieu-invloeden een rol spelen bij de afbraak van het weerstandsvermogen die zo typerend is voor ME. Zoals de luchtvervuiling in de westerse wereld heeft gezorgd voor een toename van het aantal CARA-patiënten, zoals zonne-allergieën, huidkanker en staar vaker voorkomen naarmate de ozonlaag dunner wordt, zoals de roetdeeltjes in de lucht die het gevolg zijn van onvolledige verbranding van fossiele brandstoffen de kans op slijmvlieskanker hebben vergroot, zoals de kwaliteit van het mannelijk sperma door de aanwezigheid van PCB's en andere gifstoffen in de atmosfeer de laatste decennia nogal is achteruitgegaan, zo zou ook het menselijk afweersysteem te lijden hebben onder de almaar verslechterende kwaliteit van het milieu.

Sinds de jaren vijftig, toevallig de periode waarin Caroline en ik beiden zijn geboren, is de westerse mens in toenemende mate blootgesteld aan chloorfluorkoolwaterstoffen, aan landbouwgiffen en radioactieve straling, aan methaan in de lucht en nitraat en aluminium in het water, maar ook, veilig thuis, aan conserveringsmiddelen en voedseladditieven, aan antibiotica, petrochemische plastics, kunstvezels, luchtverfrissers, verf, lijm, en de vluchtige stoffen uit spuitbussen.

In 1962 verschenen in de Verenigde Staten elk jaar vijfhonderd nieuwe chemische produkten, in 1985 waren dat er zesduizend *per week*. Lucas Reijnders schat in *Milieu en huid* dat er momenteel in Nederland vijftig- tot honderdduizend door de mens gemaakte stoffen in gebruik zijn. Jaar in, jaar uit moet ons lichaam zich zien aan te passen aan al die wezensvreemde invloeden. Hoe schadelijk die voor de gezondheid zijn, blijkt helaas vaak pas na tientallen jaren van gebruik. Het grondontsmettingsmiddel methylbromide, bijvoorbeeld, dat op zeer grote schaal in de tuinbouw wordt gebruikt, bleek pas recentelijk helemaal niet zo onschuldig als de producenten ervan altijd hadden beweerd. Maar in de tussentijd zijn ontelbare tonnen komkommers en tomaten ermee besmet (en door ons opgegeten) en is ook het grondwater en dus uiteindelijk het drinkwater erdoor vergiftigd. Volgens het *Handboek bestrijdingsmiddelen* overschrijdt overigens maar liefst 65 procent van de gebruikte landbouwmiddelen tenminste één van de drie milieunormen van de overheid (die betrekking hebben op giftigheid, afbreekbaarheid en beweeglijkheid van deze stoffen).

Ook tal van andere veelgebruikte stoffen blijken inmiddels nadelig voor de gezondheid te zijn. Voedseladditieven zijn daar een goed voorbeeld van. De eerste lichting consumenten die met emulgatoren, bakverbeteraars, bleekmiddelen, geur-, kleur- en smaakstoffen in het dagelijks eten te maken kreeg, vertoonde nog nauwelijks negatieve verschijnselen. Maar in de volgende generatie hebben zich inmiddels allerlei stoornissen kenbaar gemaakt. Tientallen scholen in ons land geven tegenwoordig voorlichting op het gebied van kleur-, geur- en smaakstoffen-intolerantie, een fenomeen waarvan twintig jaar geleden nog niemand had gehoord, maar dat thans de veroorzaker wordt geacht van concentratiestoornissen, hyperactiviteit en andere gedragsproblemen bij veel kinderen.

Concluderend stelt dr Allen Scott Levin, klinisch ecoloog te San Francisco, in *Overload* dan ook vast: 'De gemiddelde burger uit de jaren tachtig is biochemisch en genetisch niet meer te vergelijken met de burger uit de jaren vijftig.'

Dat gegeven heeft uiteraard nogal wat implicaties voor de gezondheidszorg. Maar het probleem, aldus Scott Levin, is dat de medische standaardliteratuur gaat over een menselijk organisme dat al geruime tijd eenvoudig niet meer bestaat, en dat ook de medische opleiding is gericht op diagnostiek en behandeling van een menssoort die allang uit de serie is genomen. De wereld is biochemisch bijzonder ingewikkeld en veelzijdig geworden – en dientengevolge ook de patiënt. Volgens Scott Levin zijn de dagen voorbij waarin ziekten altijd enkelvoudige oorzaken hebben. Virussen, allergieën, milieu-invloeden, bacteriën, stress, schimmels en parasieten kunnen thans allemaal gelijktijdig aan het werk zijn.

Uit de dierenwereld is een geval van ziekte bekend dat

Scott Levins vermoeden lijkt te onderstrepen. In 1988 stierven er vijftienduizend zeehonden in het Kattegat, de Noordzee, de Waddenzee en de Baltische Zee. Ze hadden koorts gehad, vertoonden tekenen van darminfectie, en hun centraal zenuwstelsel was aangetast. Ze lieten de meest uiteenlopende en verwarrende symptomen zien. Onderzoek wees uit dat ze massaal aan een immuundeficiëntie hadden geleden, waarvan de veroorzaker waterverontreiniging door PCB's, DDT en zware metalen bleek te zijn. Deze door het milieu gecreëerde afweerstoornis had de zeehonden vatbaar gemaakt voor een voor hen dodelijk virus dat zich nog niet eerder onder deze dieren had gemanifesteerd.

Nieuwe omstandigheden, nieuwe ziektes.

'Tja, dat soort theorieën is erg in de mode,' zegt mijn aardige internist. Hij vindt dat ik me beter kan concentreren op mijn kunstzinnige therapie dan zulke trendy dwaalwegen in te slaan. Hij heeft pas nog meegemaakt dat een patiënte met chronische vermoeidheid een geweldige doorbraak maakte tijdens het schilderen. Zij kon geen geel schilderen. Ze kon het eenvoudig niet. En wat bleek? Daar lag een incestervaring aan ten grondslag. Mijn aardige internist straalt. 'En die mevrouw was ook altijd maar moe, net als u,' benadrukt hij nog eens.

'En nu is ze natuurlijk stukken beter,' zeg ik.

'O ja,' zegt hij.

'Wat heerlijk voor haar,' zeg ik. Bij mijn weten heb ik geen incestervaring. Ik heb alleen maar een afweersysteem dat niet langer in staat is god weet hoeveel nieuwe, opportunistische virussen, bacteriën, schimmels en parasieten buiten de poorten te houden; ik heb het soort ziekte waarop geen enkele medische theorie van toepassing is; ik heb het soort lichaam dat historisch gesproken voor medici terra incognita is en dat in biochemische zin nog niet eerder bestond. Daar staat weer tegenover dat ik tenminste wel in een plat land woon.

'Maar het blijft kras,' zeg ik tegen een vriend, 'dat ME momenteel in de hele westerse wereld rondwaart. Dat is toch een teken aan de wand? Een bewijs, nou ja, bijna, van die milieutheorie?'

'O jee,' zegt hij bedrukt, 'als je het nou maar niet nodig vindt om nu weer op de barricades te klimmen.'

Ik begrijp even niet wat hij bedoelt, totdat mijn trage hersenen tot de conclusie komen die hij meteen heeft getrokken: aangezien ieder mens blootstaat aan de invloeden van het milieu, zou ME, als het milieuscenario tenminste klopt, in onze kolossaal vervuilde wereld epidemische vormen kunnen gaan aannemen. In dat geval zouden de individuen die er nu aan lijden, slechts de voorlopers daarvan zijn.

Die individuen hebben in dit verband iets significants gemeen: hun leeftijd. Overal ter wereld waar ME wordt geregistreerd, blijkt de gemiddelde leeftijd van de patiënten dezelfde: ME maakt de meeste slachtoffers onder mensen van mijn generatie. Is dat toeval? Of komt dat doordat wij precies die bevolkingsgroep zijn die van kindsbeen af te maken had met de zegeningen van de naoorlogse vooruitgang? Wij kregen voor elk kwaaltje antibiotica voorgeschreven en zijn later de anticonceptiepil gaan slikken, wij hebben de opkomst van de mestoverschotten meegemaakt, van de diepvriesmaaltijd, de zure regen, de derdeokselspray, de gipsplaat, de bio-industrie, de computer, het surfen op vervuilde wateren, de open haard, de piepschuimverpakking, de smog, het broeikaseffect, de olielozingen en geraffineerde suikers: wij zijn de eerste lichting mensen die opgroeide in een wereld die, verzadigd van de resten van de onvolledige verbranding van fossiele brandstoffen, tot in de kleinste facetten in meer of mindere mate *man-made* was. Het heeft kennelijk even geduurd voordat het menselijk vermogen tot afweer bezweek, net zo goed als er een paar decennia overheen gingen voordat de bossen massaal ziek werden en ontbladerd raakten. De vervuiling stapelt zich lange tijd onmerkbaar op, totdat de belasting van het systeem ineens te groot wordt.

Als deze hypothese klopt, zijn de vooruitzichten bijzonder grimmig. Iedere toekomstige generatie zal dan immers zo halverwege de dertig vanzelf tot de risicogroep voor ME gaan behoren. Om ME op te lopen, hoef je in onze onleefbare wereld straks misschien niets anders meer te doen dan gewoon adem te halen. Een onschuldige griep, een periode van te veel stress, een hersenschudding of een antibiotica-kuurtje kunnen de precaire balans van het al ondermijnde lichaam dan onherstelbaar doen omslaan: de veiligheidsmarges die zulke noodtoestanden normaal gesproken moeiteloos opvangen, zijn onder de druk van het moderne leven te klein geworden.

Ik grijp mijn vriend, met wie ik een heftige passie voor oude Amerikaanse comics deel, bij zijn arm. 'We've got only thirty-six hours to save the universe, Flash Gordon,' roep ik uit.

'Daar was ik al bang voor,' zegt hij.

En wat brengt de post vandaag? De zoveelste brief van een wildvreemde die mij een wonderdokter aanbeveelt. Ik heb in mijn la vele tientallen van dat soort brieven met heel bijzondere adresjes. Het enige verschil is dat deze afkomstig is van een ME-patiënt, die beweert baat te hebben bij een zekere behandeling. Maar wat uiteindelijk de doorslag geeft, is het feit dat de geneesheer in kwestie zo ongeveer bij mij om de hoek blijkt te wonen. Ik maak een afspraak. Het is tijd dat ik weer eens iets ingrijpenders uitprobeer dan onverdienstelijke aquarellen maken. De kubieke meter waartoe mijn bestaan is ingedikt, bevredigt me niet. Ik wil weer toegang tot de rest van de wereld, of eigenlijk: tot de hele kosmos.

En later zal ik nog honderden keren bijna een hartstilstand krijgen van de gedachte hoe *toevallig* de dingen kunnen lopen. Ten eerste een onbekende die de moeite neemt mij een brief te schrijven. Ten tweede het feit dat ik die nog lees ook – hoe vaak gooi ik zulke brieven niet ongeopend weg? Daar bovenop dan ook nog eens de gunstige omstandigheid van het adres vlak bij mij in de buurt: helemaal naar Roermond of Hengelo had ik me nooit laten lokken. De angst zal me nog dikwijls om het hart slaan bij de gedachte hoe gemakkelijk ik deze kans had kunnen mislopen.

Vaak zal ik me later proberen te herinneren wat ik deed op de ochtend van de dag waarop ik mijn eerste afspraak met deze arts had. Ik moet heel gewone dingen hebben gedaan, de planten water gegeven, de krant gelezen, chocomel gedronken met de kinderen uit de straat. Misschien heb ik in de tuin wat in de zon gelegen: het was een prachtige dag in april. Ik was, voor zover ik nog kan nagaan, niet in het minst opgewonden over het vooruitzicht van mijn afspraak. Ik verwachtte er niet al te veel van. Ik dacht: nou ja, we gaan gewoon maar weer eens kijken. Ik dacht wel tien keer, want ik voelde me niet zo lekker: het is tenminste niet ver.

NEGENDE BEDRIJF

Caroline viert haar eerste lustrum als ME-patiënte.
Ze heeft haar vriendinnen fraai gekalligrafeerde
uitnodigingen gestuurd met het verzoek te komen
eten en drinken op betoonde trouw tijdens vijf jaar
ziekbed. Feestelijke kleding verplicht; RSVP.
Er is champagne. Er zijn cadeautjes en bloemen
voor de jubilaresse. De tafel is gedekt voor vele
gangen. Caroline houdt een tafelrede waarin ze ons
allemaal bedankt voor onze steun en loyaliteit.
'Alleen,' zegt ze, 'had jij nou ook weer niet zó
loyaal hoeven te zijn, Renate.'
Terwijl iedereen lacht, schieten mij de tranen in de
ogen: dit is zo'n afschuwelijk moment waarop de
werkelijkheid hardhandig bij me binnendringt:
straks vier ook ik mijn eerste lustrum als
ME-patiënte.

Die middag, in de spreekkamer van mijn nieuwe dokter,
valt mijn oog op een stapel boeken die ik zelf ook heb.
Wat gaan we nu beleven? Een *arts* die de literatuur over
ME bijhoudt?

Ik richt mijn blik verbouwereerd op de man achter het
bureau. Hij heeft niet eens een zichtbaar aureool rond zijn
hoofd: gewoon iemand van mijn eigen leeftijd. Een donkerblauw overhemd. Krullend haar dat best eens geknipt
zou mogen worden. Een zakelijke stem. Rustig vraagt hij
me hoe ik slaap, of ik last heb van mijn spieren, wat mijn
voornaamste neurologische problemen zijn, hoeveel uren
per dag ik op kan zijn.

Ik ben gewend driekwart van mijn klachten buiten beschouwing te laten, maar dit keer hoef ik alleen maar te knikken: ja, daarvan heb ik inderdaad last, en daarvan ook. Het enige dat ditmaal geheel buiten beschouwing blijft, is mijn innerlijk. Geen woord over mijn zieleleven of de staat van mijn psyche. Ik krijg bijna de aanvechting om te vragen: 'Mag ik uw bul even zien? Bent u wel een echte medicus?'

Als ik mijn milieutheorie op hem uitprobeer, voor alle zekerheid met een gezicht alsof ik er zelf niet echt in geloof, knikt hij tot mijn verbazing. 'Ja natuurlijk,' zegt hij, 'allerlei invloeden om ons heen spelen een rol bij de totstandkoming van ME. We hebben dan ook te maken met een groot aantal veroorzakende factoren.'

Ik geloof dat ik ga huilen van dankbaarheid. Hier zit iemand die weet waarover hij spreekt. Nu zal er eindelijk een oplossing komen. Dan stelt hij voor eerst maar eens wat laboratorium-onderzoek te laten doen. Meteen vervliegt mijn hoop weer. Ik ben al zo vaak binnenstebuiten gekeerd zonder dat er iets werd gevonden. 'Maar *ik* weet waarnaar ik moet zoeken,' zegt hij vriendelijk, 'dat is het hele verschil.'

Mijn stemming klaart op tijdens het grondige en volstrekt nog niet eerder aan mij voltrokken onderzoek: tot en met mijn aminozuren word ik doorgelicht, ik onderga een glucose-tolerantietest en een onderzoek naar mogelijke toxische belasting door zware metalen, ik word verbonden aan vreemde apparaten die de werking van mijn organen meten en aan weer andere waarmee allergieën worden vastgesteld. En als na een paar weken alle resultaten bekend zijn, springt mijn hart regelrecht op wanneer ik bij mijn dokter naar binnen stap om de uitslagen te vernemen: hij kijkt zo ernstig. Dit is niet het bekende niets-aan-de-hand-gezicht, dit is niet het u-mankeert-niets-dus-gaat-u-maar-weer-gezicht. Ik krijg eerst een kopje thee. Mijn verrukking neemt nog verder toe: hij moet behoorlijk slecht nieuws voor me hebben. Hij schraapt zijn keel, en ik barst haast uit elkaar van euforie: er is iets gevonden, er is iets gevonden.

Hij kijkt me aan, over de stapel papieren. Hij zegt bedachtzaam: 'Het is niet te begrijpen dat jij nog steeds enigszins functioneert, gezien deze uitslagen.'

'Nou ja,' giechel ik, 'ik doe ook maar alsof, hoor.' Wat een idiote indruk moet ik maken, met die gelukzalige grijns op mijn gezicht. Gauw zeg ik, om de schijn te wekken dat dat de reden is voor mijn opgetogenheid: 'Maar gelukkig ga je niet dood aan ME.'

'Nee,' zegt hij. 'Maar aan een onbehandelde suikerziekte uiteindelijk wel. En dat is nog maar één van de dingen die jij hebt.'

Als ik anderhalf uur later weer buiten sta, ga ik, hoewel ik vanaf heden een bijzonder streng dieet moet volgen, linea recta naar de slijter, koop een halve liter jenever en drink die in één avond bijna op. Voor iemand die nooit iets aantoonbaars mankeerde, scheelt er aan mij nogal wat: een compleet ontregelde suikerhuishouding die zich heeft ontwikkeld tot beginnende diabetes; een zware kwikvergiftiging die mijn centraal zenuwstelsel ondermijnt; en door mijn falende afweervermogen is het candida albicans-gist in mijn darmen, zoals ik al vreesde, volledig op hol geslagen. Suiker wordt door candida omgezet in een aan alcohol verwante stof die acetaldehyde heet. Bij elke schep suiker vergiftigt een candida-patiënt zichzelf dus nog verder, en loopt daarom altijd met een kater rond. De candida-infectie verhindert het spijsverteringsstelsel bovendien voedsel naar behoren te verwerken, zodat ik ook nog eens allerlei deficiënties enerzijds en intoxicaties anderzijds heb. Ik ben een chemische puinhoop, hier grote mineralentekorten en daar giftige opstapelingen van niet-afgebroken vitamines. Ik ben al met al, zei mijn dokter waarderend, een klassiek ME-geval.

Wat een vreemde sensatie, om ineens een schoolvoor-
beeld genoemd te worden, in plaats van een hysterica of
een aanstelster.

Ik ben uitgelachen. Huilend van woede slinger ik thuis
al mijn ME-boeken door de kamer: dit verhaal, exact dit
verhaal, staat in al die boeken beschreven. Het zijn geen
gammele werkjes van leken zoals ik: een groot aantal ervan is geschreven door artsen die zelf ten prooi zijn gevallen aan ME. En met die boeken heb ik de afgelopen
jaren in god weet hoeveel spreekkamers gezeten, zonder
dat iemand naar me wilde luisteren. Maar waarom heb
ik zelf ook niet meer mijn best gedaan? Waarom heb ik
me telkens laten afpoeieren? Al ligt het antwoord voor de
hand, aangezien je als ME-patiënt niet bepaald in staat
bent tot indrukwekkende gevechten, toch veracht ik mezelf: ik heb de zojuist aan mij verstrekte diagnose al die
tijd gekend, al die tijd was ik op dit gebied deskundiger
dan heel het leger medicijnmannen bij elkaar, en al die
tijd heb ik me door hen laten aftroeven, door een stel
zotteklap kwakende betweters.

Het is niet bekend of de plagen die mij bezoeken oorzaak
of gevolg zijn van ME – te constateren valt slechts dat dit
pakket aandoeningen zich vrijwel altijd in een of andere
samenstelling voordoet bij ME-patiënten. Het is mijn dokters strategie, zoals ook in de literatuur wordt aanbevolen,
de problemen een voor een te elimineren, zodat het immuunsysteem tot rust kan komen en uiteindelijk kan genezen. De ervaring leert dat als de afweer zich heeft hersteld, de ME, wat dat dan ook wezen moge, een goede
kans heeft ten slotte te verdwijnen. ME is een ziekte van
vicieuze cirkels, en door die te doorbreken, worden allerlei
kettingreacties tot staan gebracht.

Neem bijvoorbeeld mijn kwikvergiftiging, waarvan de
oorzaak moet liggen in de oude amalgaamvullingen in
mijn gebit. Sterk gesimplificeerd werkt amalgaam in de

mond als een batterij. Als er niet langer sprake is van een werkzaam afweervermogen, zoals bij ME, kan de energie-huishouding van het lichaam nadelig beïnvloed worden door de elektrische stroom die door deze batterijwerking wordt veroorzaakt. Bovendien kan er, vooral bij overjarige vullingen, tijdens het kauwen kwik vrijkomen, dat wordt ingeslikt en ingeademd. Van kwik staat vast dat het waardevolle mineralen zoals zink en magnesium aan het lichaam onttrekt, beschadigingen toebrengt aan het centraal zenuwstelsel en het afweermechanisme bovendien nog verder aantast. Hoe zwakker iemand is, des te groter de kans dat deze negatieve invloeden zich ook daadwerkelijk zullen doen gelden, en weer andere nadelige processen op gang brengen.

Of kwikvergiftiging werkelijk bestaat, daarover worden in de medische literatuur heftige polemieken gevoerd. Men voere ze maar. Ik vind het hele verhaal niet per definitie onwaarschijnlijk, maar ik kan me dan ook niet veroorloven om het onwaarschijnlijk te vinden. Vertel ik het echter aan mijn omgeving, dan kijkt men mij aan als ware ik koningin Juliana, die een influistering van Greet Hofmans doorgeeft. Ik kan het mijn vriendinnen niet kwalijk nemen: ze hebben me ook ooit geestdriftig horen vertellen over een magiër in Frankrijk die mij zou genezen middels enkele haarlokken, ze hebben gadegeslagen hoe ik met een kartonnen badkamertegel de aardstralen in mijn gezellige woning te lijf ging. Ze hebben gewoon iets te veel met me meegemaakt.

Ik durf hun bijna niet te vertellen waaruit de behandeling ditmaal zal bestaan. Ach toe nou joh, vertel nou. Welnu, om te beginnen zal ik stante pede naar de tandarts moeten om al mijn vullingen te laten verwijderen. Nu ja, ik had ze al twintig jaar, ik was er toch wel op uitgekeken. En ik krijg in plaats ervan bekoorlijk spierwitte, van kunststof ('Maar Renate, waar begin je nou weer aan? Ik heb ook een mond vol amalgaam en ik mankeer niets!').

Verder moet ik een aantal jaren een genadeloos dieet volgen om de candida-schimmel uit te hongeren ('Maar iedereen heeft candida in zijn darmen! Dat is gewoon een gist dat bij de spijsvertering hoort!'), ik heb twaalf soorten medicijnen mee naar huis gekregen om mijn hele systeem te zuiveren en bij te spijkeren en om mijn beschadigde pancreas op te peppen ('Maar je hebt toch altijd gezegd dat er geen pillen tegen ME bestaan?') en ik moet me wekelijks op het spreekuur melden voor een ontgiftende acupunctuurbehandeling en een intraveneuze magnesium-injectie die de spieren kalmeert, de bloedsomloop stimuleert en mijn arme cellen uitmest. ('En dat moet twee of drie jaar lang? Die man is gewoon een zakkenvuller!')

Een van mijn vriendinnen zegt bezwerend, op het gezag van een bevriende arts, en zoals we hebben gezien is de gemiddelde arts *bij uitstek* een deskundige op dit gebied: 'ME gaat echt op een gegeven moment gewoon weer over, hoor.' Niets is zo dodelijk als dat. Niets sluit je zozeer van je omgeving af als deze goedbedoelde opmerking: 'Het gaat wel weer een keer over.' Voor de chronisch zieke telt, net als voor iemand die juist een dierbare heeft verloren, alleen het moment, of zij dit nu wil of niet. Ze zit opgesloten in dit zich voortslepende ogenblik van pijn en narigheid, ze is gegijzeld in deze ene seconde, tijd zegt haar niets meer. Ze heeft geen boodschap aan de mededeling dat iets zal overgaan, want die gedachte ligt eenvoudig buiten haar mentale bereik. Voor mij althans is het idee dat mijn toestand onveranderd zou kunnen blijven, zó ondraaglijk, dat ik ieder besef van tijd de deur uit heb gedaan. 'Later' is verboden terrein, ik word compleet stapelgek van de gedachte aan 'later'. Want ik geloof, in tegenstelling tot mijn vriendin, niet dat ik 'later' 'vanzelf' en 'gewoon' weer 'beter' zal zijn. Was dat zo, dan had ik daar zelf na bijna drie jaar immers vast al wat van gemerkt, en dan zou dat verschijnsel zich bovendien allang in opgewekte ME-statistieken hebben vertaald.

'En het is bekend dat zo'n dieet niets uithaalt,' zegt zij gezaghebbend. 'Dus waarom zou je jezelf daarmee kwellen? Jarenlang nog wel! Weer een beperking erbij, nog een extra belasting!'

Het zou me niet moeten verbazen, maar dat doet het toch: de methodes om van ME te genezen zijn in ieders ogen natuurlijk even apocrief als de kwaal zelf.

Het dieet. Geen gist, geen zuivel, geen suiker of suikervervangers meer, en met de koolhydraten is het oppassen geblazen. Nu goed, daar gaan we dan, wat kan het ons schelen. Ik open de koelkast, ik kijk in mijn keukenkastjes. Ik lees wat etiketten. Ik lees nog een paar etiketten. Het daagt me akelig snel dat zelfs een gewone boterham met kaas of een aardappel of een drupje azijn of een schijfje meloen of een champignon al verboden genotmiddelen zijn geworden, laat staan een Belgische bonbon of een glaasje jajem. Alles wat ik in huis heb, kan naar de buren. Het enige dat in mijn keuken blijft is de voorraad kruidenthee: in vrijwel alle voedingsmiddelen blijken zich gist of suiker in een of andere vorm te bevinden, de stoffen waarmee de candida-schimmel zich voedt, of anders wel additieven die ik moet vermijden. 'Je wou er toch van af?' zegt mijn dokter. 'Dan moet je gewoon even een paar jaar je kiezen op elkaar zetten.'

Om mijn afscheid van het goede leven te bezegelen, gaan Maarten, zijn dochtertje en ik nog één keer somptueus uit eten. Ik neem zalmpaté op een bedje van roommousse, gevolgd door een terrine van drie kaassoorten met een mangosaus, waarbij ik voor het laatst stokbrood eet en rode wijn drink, en dan eet ik de restanten van Noortjes bord patat met mayonaise ook nog op. 'Je moet je nog maar even goed volstoppen,' zegt zij bezorgd, en haalt een extra portie koekjes en bonbons voor bij de koffie voor me. Zij kan zich geen leven zonder *magnums* voorstellen. Ik eerlijk gezegd ook niet.

Die avond is er kermis op het plein waar Maarten en Noor wonen. Mijn minnaar lokt me het reuzenrad in en laat ons, als we een paar rondjes hebben gedraaid, een fles champagne aanreiken. Wel een uur lang wentelen we al drinkend rond. Ik laat elke slok, bomvol suiker, bomvol gist, zo ongeveer tot in mijn tenen zakken. Daarna kopen we in een café nog een fles whisky. De volgende ochtend heb ik zó'n kater, dat de gedachte aan versobering me ineens bijzonder welkom is.

Al binnen een paar weken word ik zo etherisch mager dat Maarten, als ik in bed tegen hem aan rol, half in slaap mompelt: 'Kom maar hier met die lekkere botjes van je.' Maar naarmate mijn vetcellen, die bij uitstek gifstoffen vasthouden, wegsmelten, neemt mijn vermogen om te slapen toe. Ah, de vergeten, heerlijke sensatie je weg te voelen zakken, om pas tien uur later weer te ontwaken! Ik denk niet aan mijn minnaar als ik in bed stap, ik denk ademloos aan mijn dokter, en ken hem in gedachten elke avond de Nobelprijs toe.

Voordat ik ziek werd sliep ik moeiteloos dwars door de grootste crisis heen, ik was een van die gelukkigen die haar ogen maar hoeven te sluiten om te kunnen slapen, altijd, overal, in vliegtuigen, vreemde bedden en tochtige tenten. Het was voor mij zo abnormaal om ineens niet meer te kunnen slapen, nooit meer, nergens meer, dat ik van meet af aan wist dat dit vreemde verschijnsel bij mijn ziekte moest horen, dat het door de ME werd geproduceerd en dat het mij vervolgens per etmaal nog verder verzwakte: weer een van de ondermijnende vicieuze cirkels. Voor die overtuiging vond ik uiteraard geen enkel gehoor. De afgelopen jaren heb ik de meest idiote theorieën over mijn slapeloosheid moeten aanhoren. Niet kunnen inslapen zou betekenen dat je de dag die achter je ligt niet kunt loslaten, niet doorslapen duidt op getob over de dag die gaat komen. De huisarts, bezorgd: 'U piekert te veel. Hebt u misschien geldzorgen?' Internist 1, bestraffend: 'U ontspant u onvoldoende.' Internist 2, bedachtzaam: 'U wilt zich kennelijk niet uitleveren aan de nacht. Hebt u misschien uhm, ahh, *emotionele problemen* met de nacht?' De neuroloog, honend: 'Maar u ligt ook de halve dag in bed! Dan kan geen mens 's nachts slapen!' De Bach flowers-deskundige, hoofdschuddend: 'Je sluit je af voor het kosmisch ritme, je houdt je chakra's niet open.' De vriendinnen, overredend: 'Maar misschien heb je wel genoeg aan vier uur slaap per nacht.' Mijn huidige dokter daarentegen zegt dat slaapstoornissen duiden op ontstekingen. Hij legt uit dat er in mijn lichaam voortdurend ontstekingsreacties gaande zijn omdat ik van top tot teen ontregeld ben. Bovendien zegt hij: 'Zolang er nog gifstoffen in je zenuwweefsel zitten, houd je 's nachts die afschuwelijke cerebrale activiteit waardoor je niet kunt slapen, net zoals je daar overdag zoveel neurologische problemen door hebt.'

Het razen van mijn hoofd heeft dus gewoon een chemische oorzaak, net als mijn hersenloosheid. Oh, al moet ik die candida met al haar giftige effecten eruit vasten totdat ik letterlijk nog maar een ons weeg, al moet ik tot het einde der tijden emmers vol reinigende medicijnen slikken om het kwik en de andere toxines te bestrijden, ik zal mijn oude hoofd terugkrijgen.

Aangestoken door mijn enthousiasme wendt ook Caroline zich spoorslags tot mijn dokter. Bij haar komen er behalve een candida-infectie bovendien voedsel-allergieën en -intoleranties aan het licht.

Bij een allergie denkt men wellicht alleen maar aan een beetje uitslag of aan een loopneus, maar een verborgen allergie kan het halve menselijke systeem platleggen. In *Overload* stelt Jacqueline Steincamp dat er in de westerse wereld sprake is van een schrikbarende toename van allergische klachten waarvan de oorzaken opnieuw in het milieu in de breedste zin van het woord, de moderne leefwijze en de eenzijdige eetgewoonten moeten worden gezocht. Als door het bombardement van mens-vreemde elementen ons vermogen tot afweer eenmaal is ondermijnd, verdraagt het lichaam soms plotseling willekeurige stoffen niet langer. Zodra die gevaarlijke toestand is bereikt, start de kettingreactie: je kunt bij wijze van spreken beginnen met een allergie voor koemelk en eindigen met een absolute intolerantie van formaldehyde, waardoor je hondsberoerd wordt van veel van de materialen die in de huizenbouw worden gebruikt.

Allergieën kunnen overigens ook ontstaan als gevolg van een sterk wisselende suikerspiegel, en een sterk wisselende suikerspiegel kan weer het gevolg zijn van wildgroei van candida, en candidiasis is het gevolg van verminderde weerstand, en verminderde weerstand kan het gevolg zijn van een toxische belasting door zware metalen zoals kwik, en vice versa, en zo perpetuum mobile.

Ik vermoed dat het behalve Caroline en mij niemand interesseert hoe het nu precies in elkaar steekt, dus ik zal niet nog saaier worden. Laat het slechts gezegd zijn dat onze ontredderde bastjes nog vaak ten prooi zullen vallen aan kettingreacties die ons tot aperte waanzin drijven. Ze zullen zich niet zonder strijd weer in het gareel laten brengen door een dieetje of wat pillen. Ze hebben de vervelendste verrassingen voor ons in petto. Zo zal Caroline op een dag moeten constateren dat ze nu bovendien allergisch is geworden voor sommige van de spaarzame produkten die we nog mogen eten. Ze verdraagt de chocoladevervanger carob niet meer, en komt er via de verantwoorde haverkoeken achter dat de gluten ook van het menu geschrapt moeten worden. Zelf zal ik na een paar maanden strikt dieet houden twee glazen wijn drinken (waarvan ik trouwens helaas alleen maar de ontzagwekkende suikersmaak proef), en er bijna drie volle weken over doen om weer op de been te komen. Opgewekt zal mijn dokter na een meting vaststellen: 'Tja, je bent gewoon allergisch voor alcohol geworden.'

Zo waakzaam mogelijk ploeteren we verder op het ingeslagen pad. Ik heb een documentaire op de televisie gezien over mensen met het *total allergy syndrome*, die gedurende alle seizoenen in de open lucht moeten leven, geen plastic knopen aan hun kleding verdragen en louter bamboespruiten en onbespoten zeewier kunnen eten. Ik ben persoonlijk niet van plan om zo te eindigen. Mijn afweersysteem moet zich herstellen, moet zich herstellen.

Het is daarvoor onder meer van belang om zo stressloos mogelijk te leven: stress is een bekende veroorzaker van weerstandsverlies. Wie blootstaat aan spanning, produceert cortison en adrenaline om het lichaam voor te bereiden op vechten en vluchten, een taak die energie vreet. Normaal gesproken neemt die produktie af als het gevaar wijkt. Maar bij ME-patiënten is ook het stress-regulerende mechanisme verstoord, waardoor het lichaam nodeloos in een parate houding blijft steken. Die aanhoudende toestand van opwinding veroorzaakt niet alleen uitputting, maar bovendien schade, namelijk onder meer aan de suikerhuishouding, en dan is ook die cirkel weer rond.

Er wordt in de literatuur over ME vaak op gewezen dat bij veel patiënten een periode van grote stress is voorafgegaan aan het uitbreken van de ziekte. ME-ers blijken in hun vorige leven meestal mensen te zijn geweest voor wie geen zee te hoog ging, met als resultaat dat hun adrenalinepeil zich geleidelijk op een gevaarlijk hoog peil ging handhaven. Men kan in ons geval uiteindelijk zelfs allergisch worden voor de adrenaline die men zelf produceert. Er komt gewoon geen einde aan deze biochemische nachtmerrie.

Rustig aan, rustig aan, rustig aan, zeg ik dus tegen mezelf terwijl ik voor pampus in bed lig. Paradoxaal genoeg heb ik in mijn hele leven nog nooit zoveel stress gehad als sedert ik uitgeschakeld ben: het gaat me al boven de macht een kopje thee te zetten, en geen manager kan het moeilijker hebben met een bedrijfssanering dan ik het heb met de keuze van het juiste wasprogramma voor een wollen trui.

En nu blijkt mijn nieuwe regime een complete, nieuwe, extra stressfactor, zo waarlijk helpe mij God. Driemaal daags tien potten pillen en twee flesjes druppels opendraaien – ik krijg al vlekken voor mijn ogen bij de gedachte. En ook rigoureus dieet moeten houden veroorzaakt problemen: ik kan niet meer bij mijn onbetaalbare buren met de pot meeëten, noch kan ik van mijn stug doorkokende vriendinnen vergen dat ze in hun lunchpauze ook nog eens ingewikkelde boodschappen voor me doen in reformwinkels die nooit hebben wat je nodig hebt, zodat je van de ene naar de andere moet trekken. Bovendien merk ik algauw dat zij de boekweit toch minder in de vingers hebben dan de soufflé. Er zit niets anders op dan dit deel van mijn leven weer in eigen hand te nemen.

Boodschappen doen, koken, afwassen, ik vul er gemakkelijk mijn hele dag mee, als had ik een compleet weeshuis te voeden. Alleen al het plannen en bedenken van al die maaltijden doet me naar een chaise-longue verlangen. Hoe zullen wij de gierst vandaag weer eens aankleden? Samen met Caroline vind ik drieënnegentig manieren uit om saaie granen te bereiden. Helaas zijn wij beiden koks op Donald Duck-niveau. Maar mijn buurmeisje van elf brengt redding. Met een grote boodschappenlijst fietst ze naar de reformwinkel en slaat vervolgens aan het bakken. Koekjes gezoet met suikervrije jam, taartjes van lactosevrije margarine en glutenvrij meel. 'Het is uit feministisch oogpunt niet te verdedigen dat ik haar steeds in de keuken laat sloven,' zeg ik tegen Caroline, 'maar met Sinterklaas, heeft ze nu al beloofd, zal ze echte nep-pepernoten voor ons bakken.'

Zal het al behoorlijk wat tijd kosten om mijn suikerhuishouding weer in de hand te krijgen, rigoureus ontgiften is zeker een proces dat jaren en jaren kan duren. Sommige gifstoffen laten zich relatief makkelijk afvoeren (als de nieren hun nuttige werk tenminste niet staken, zoals de mijne een paar keer doen. Maar komaan, daar zijn ook weer medicijnen voor). Andere toxinen zijn zó met de celwanden verkleefd, dat het domweg afwachten is totdat die cellen afsterven en worden vervangen door nieuwe. Want eigenlijk kunnen gifstoffen alleen worden afgevoerd als er voldoende gezonde, werkzame cellen aanwezig zijn. En verder is het een kwestie van geduld en je aan de spelregels houden. Zegt mijn dokter.

Aanvankelijk koester ook ik in alle stilte mijn twijfels: het nieuwe regime maakt me in het begin zo ziek dat ik mezelf alleen nog maar naar de maan kan wensen. Maar dat noemt men een goed teken, dat duidt er namelijk op dat de schimmels in het vooronder voor hun leven vechten. Geen enkel levend mechanisme laat zich zonder verweer om zeep helpen. Ik heb het walgelijke, science fiction-achtige gevoel dat er in mijn binnenste een strijd op leven en dood wordt gevoerd tussen slijmerige griezels die er niet thuishoren en mijn eigen dappere troepen. Als tegenwicht herlees ik vaak een artikel uit *Het Nederlands Tijdschrift voor Geneeskunde*, waarin mijn candida-infectie geheel naar het rijk der fabelen wordt verwezen.

Maar dan keert opeens het tij.

Na drie maanden kuren word ik 's ochtends niet meer wakker met de vertrouwde kater. Er wordt niet meer gekotst. Ik ben na jaren groen en geel gezien te hebben, nooit meer misselijk. Dit wapenfeit vier ik met een extra portie ongeglansde rijst.

Na vier maanden verbetert mijn coördinatievermogen. Ik kan bijvoorbeeld weer zonder helse toeren een draad door een naald rijgen, al denk ik nog steeds dat ik een naald door een draad rijg, of een draal door een naar. En mijn hormonen beginnen zich zowaar te gedragen, mijn menstruatie houdt zich weer aan vaste tijden. Mijn chronische herpesinfectie trekt zich terug. Mijn stemming wordt evenwichtiger. En het is niet langer alsof ik bij elke stap door de stroop waad.

Na vijf maanden stap ik met knikkende knieën op de fiets en rijd voor het eerst sinds jaren naar het postkantoor, een geweldige tocht van viereneenhalve minuut. Onderweg zwaai ik naar een kennis. Later belt ze me op om te vragen of ze het misschien gedroomd heeft, dat ze me zag fietsen.

Na zes maanden ga ik geheel zelfstandig naar de firma Blokker en koop een koekepan, een schaar, glazen, een vaas, een ovenschaal, en al die andere dingen die men in een huishouden geleidelijk verslijt en die bij mij de laatste tijd nooit meer zijn vervangen. Er staat een rij bij de kassa. Het zweet breekt me niet eens meer uit bij de gedachte dat ik een minuut moet staan.

Na zeven maanden maak ik een afspraak met mijn aardige internist. Hij vindt dat ik er opmerkelijk goed uitzie. Maar als ik hem vertel van de behandeling die ik onderga, moet hij lachen. Ik ben heus niet van top tot teen vergiftigd! Ik heb geen allergieën! Ik heb geen candidiasis, want candidiasis bestaat eenvoudig niet! En ik heb ook beslist geen verstoorde suikerhuishouding – nou ja, misschien een beetje hypoglykemie, maar dat heeft bijna iedereen. Ben ik soms vergeten wat er werkelijk met me aan de hand is? Ik ben chronisch vermoeid! En dat is een klacht die hij bijzonder serieus neemt.

'Dat laatste is waar,' zeg ik. Ik ben op hem gesteld: hij heeft mij in zijn kliniek een plek gegeven waar ik leerde ziek te zijn. Daarom wil ik nu ook dat hij naar me luistert. Hij is de enige van mijn specialisten die ik per se wil overtuigen. De anderen mogen voor mijn part in de hel belanden. Maar met hem wil ik later in de hemel gezellig over Goethe kunnen babbelen.

Ik schraap mijn keel en zeg opnieuw dat het toch frappant te noemen is dat ik sedert mijn huidige behandeling zo vooruitga. Frappant? Welnee. Ik doe mijn euritmie-oefeningen toch nog steeds? Ik schilder toch nog? Nou dan.

Nu moet ik toeslaan. Al was het alleen maar omdat ik vermoedelijk niet de enige en zeker niet de laatste ME-patiënt in deze praktijk ben. Dus zeg ik: 'Ik zal nooit weten hoe groot de ondersteunende invloed van uw therapieën is geweest. Ik sluit bepaald niet uit dat ze een belangrijke rol in het hele proces hebben gespeeld. Maar ik zou er nooit door zijn genezen. Daarvoor zijn hardere middelen benodigd, zo is inmiddels bewezen.'

Daarmee is mijn moed op. Ik durf hem niet te vertellen dat ik alle vullingen uit mijn kiezen heb laten halen, zelfs al zou ik eraan kunnen toevoegen dat de laatste meting heeft uitgewezen dat de kwikbelasting al bijna tot de helft is teruggelopen. Hij zou me vermoedelijk meteen in een lauwe lavendelwikkel laten afvoeren.

De goede periodes worden haast ongemerkt frequenter en duren langer. De week, die altijd een amorfe, onoverzichtelijke massa was, krijgt weer zeven verschillende dagen: op twee ervan voel ik me heel redelijk, gedurende de vijf andere ben ik ziek, maar vijf dagen overleef ik wel, met het vooruitzicht op een onderbreking. De inzinkingen zijn bovendien minder totaal: op een slechte dag doet mijn hoofd het niet, of heb ik geen kracht, of voel ik me naar, maar zelden meer vertoont de hele poppenkast zich gelijktijdig, onafgebroken en op volle sterkte.

Steeds vaker zeggen Caroline en ik verbijsterd tegen elkaar: 'Weet je nog hoe ziek we waren?' Maar eigenlijk weten we het zelf al amper meer. De kwellingen van de laatste jaren laten zich, net als de pijn, niet meer terugroepen nu we er beetje bij beetje van verlost raken. Ooit hebben we van acute ellende soms niet geweten waar we ons lichaam moesten laten. Er waren dagen, dikwijls weken achtereen, waarin de zwaartekracht maar één doel leek te hebben, namelijk ons te verpletteren. We hebben er soms zelfs aan getwijfeld of er nog wel iets menselijks, hoe nietig ook, aan ons gereduceerde bestaan te bespeuren was. We zijn zo ziek, gedesoriënteerd en wanhopig geweest dat we bereid waren onze ziel aan de duivel te verkopen.

In verbazend korte tijd zijn dat vage herinneringen geworden. Het menselijk bewustzijn zit werkelijk heel barmhartig in elkaar.

En nu we zo zichtbaar vooruitgaan, nu vragen mensen ons vaak zalvend of deze periode niet ook verrijkende kanten voor ons heeft gehad. Het eigenaardige woord *ziektewinst* valt. Eigenlijk boffen we maar dat we jaren uit de roulatie zijn geweest en nog steeds een lange weg voor ons hebben: wat een geheel nieuwe blik op het leven zullen wij cadeau hebben gekregen. Vertel eens. Wat is de winst?

Caroline antwoordt dan: 'Zonder ME had ik niet eens geweten wat chakra's waren.' Persoonlijk kan ik er minder goed de lol van inzien. Als ik over mijn schouder kijk, zie ik vlak achter me een zwart gat van jaren. Op de bodem ervan heb ik gezeten, in mijn eigen drek en snot – nee, doe mij dan maar liever een gezellige lentewei met dartelende lammeren en een leuke bergtop in de verte. Maar misschien dat ik over lange tijd mild of gek genoeg word om te concluderen dat mijn ziekbed me ook nog iets positiefs heeft opgeleverd. Sommige mensen achten het bijvoorbeeld winst als je door de omstandigheden wordt gedwongen tot introspectie. Inderdaad heb ik me deze jaren ook gewijd aan een lang, lang, malend onderhoud met mezelf, en aan het stellen van vragen die ik voordien uit de weg ging. Maar zelfs als ik daardoor al een beter of gelukkiger mens zou zijn geworden, dan vind ik de prijs daarvoor nog altijd te hoog. Op z'n best is zoiets mooi meegenomen, een klein geluk bij een groot ongeluk – meer niet.

'Je praat weer,' zegt iemand op een dag vol verbazing tegen me. 'Ik kan me niet heugen dat ik je de afgelopen jaren heb horen praten. Je zei wel wat, maar je praatte niet.'

O, fijn hoofd van me! Knap hoofd! Het denkt, het kwebbelt, het redeneert en concludeert. Het is niet meer met lompen en oud ijzer gevuld. Het concentreert zich vaak vrijwel moeiteloos, het onthoudt zowaar dingen, het verzint hier of daar een grap. Ik heb een hoofd om te zoenen. Ik leg het in de watten. Kalm aan, hoofd. Denk erom: niet proberen met twee mensen tegelijk te praten of meer dan één handeling te verrichten. We slaan niet meteen aan het stunten, want dan vallen we subiet uit de trapeze. We lopen op eieren, mijn hoofd en ik. Maar we lopen. En ook de rest van mij functioneert, zij het in een lage versnelling. Ik heb nog lang niet zoveel energie als vroeger, maar tijdens mijn wakende uren voel ik me in elk geval heel dikwijls niet meer zo ziek als een aangereden egel. Als ik het in percentages moest uitdrukken, zou ik zeggen dat momenteel weer ongeveer zestig procent van de menselijke mogelijkheden binnen mijn bereik is, waar dat aanvankelijk voor hooguit dertig procent het geval was.

Of de volle honderd procent ooit weer haalbaar is, daarover lopen de meningen uiteen. Volgens veel onderzoekers is ME niet een aandoening die werkelijk helemaal te overwinnen is. Zij menen dat men de ziekte onder controle kan krijgen en verder levenslang bedacht moet zijn op slechte periodes. Anderen zijn optimistischer. Mijn eigen dokter gaat er van uit dat de meeste patiënten, zij het met een aantal beperkingen zoals blijvende diëtaire spelregels, met veel geduld en doorzettingsvermogen weer zo goed als nieuw kunnen worden. Zo goed als nieuw! Heb ik geduld? Heb ik doorzettingsvermogen? Maar vanzelfsprekend.

En er zijn natuurlijk ook talloze momenten van paniek tussendoor, van inzinkingen, van hernieuwde slapeloosheid, zeeziekte en trillende spieren. Het is geen lineair proces. Het komt en het gaat: je voelt je meester, je voelt je slaaf. Je hoopt en je wanhoopt. Maar er is nu tenminste altijd een verklaring voor de dalen: niet kunnen nadenken betekent dat toxinen ergens in mijn hersenen circuits blokkeren en dat mijn hoofd tijdelijk net een *hard disc* met *bad sectors* is; niet kunnen slapen betekent eveneens dat de toxische belasting weer is opgelopen doordat ik een willekeurige nieuwe allergie heb ontwikkeld. Op een gegeven moment ben ik zó allergisch voor allerlei voedingsmiddelen dat ik alleen nog maar op rijstwafels leef. Sommige van mijn vriendinnen kunnen het niet aanzien. 'Zou je die antidepressiva-methode niet liever nog een keer proberen?' dringt een van hen aan. Zij kent namelijk ook een arts, een artsenechtpaar nog wel. Ze brengt me aan de rand van moord. Koppig eet ik mijn rijstwafels en herwin mijn vermogen tot slapen. Later zal ik het ze allemaal nog wel eens uitleggen, later zullen we er samen om lachen. Maar voorlopig houd ik me uit alle macht doof en blind voor de zorgen en adviezen van mijn beminden. Ik zwoeg door mijn verlaten, ijzige landschap, ik weet wat mijn doel is, en ik weet dat ik het alleen zelf, op mijn eigen kracht, zal kunnen bereiken. Ik zal mijn leven eigenhandig moeten redden. En al zal ik onderweg vast nog vaak struikelen, ik val nooit meer zo diep als vroeger, en ik stijg telkens hoger: ik leer vliegen, ik leer vliegen.

Zelfs als ik altijd enigszins vleugellam zal blijven, een reële mogelijkheid, dan is mijn leven nu in elk geval weer leefbaar. Het is niet het leven dat ik in gedachten had toen ik op mijn krukken bij het hockeyveld stond, maar het is te doen. Het is een simpel, basaal leven, waarin alles draait om voldoende rust, gezond voedsel, strikte regelmaat en het vermijden van opwinding. Het is vergelijkbaar met het leven van een Stenen Tijdperk-mens. Gek genoeg heb ik me daar bijna ongemerkt mee verzoend. Ik hoef niet meer te worden wie ik ooit was, als ik maar mag blijven wie ik nu ben. Ik dank de hemelen op mijn blote knieën voor deze vooruitgang, ik durf het lot niet te verzoeken door nog meer te vragen. Ik heb mijn uitstapje naar de hel gehad. Ik hoef niet nog een ritje.

Maar op andere momenten droom ik vermetel van een weerzien, ooit, met de toppen van Tirga Mor, Askival, Bla Bheinn, Ben Nevis en het beest Suilven, en vraag ik koortsachtig aan mijn minnaar: 'Voel eens aan mijn botten? Volgens mij kom ik al weer aan. Geloof je ook niet?' Een sterk, vitaal lichaam: het is gewoon een benevelende gedachte. Vlug haal ik de teugels van mijn fantasie weer aan. Easy does it. Stap voor stap.

Maarten kijkt me broedend aan. Hij heeft mijn gezondheid al zo vaak tijdelijk zien verbeteren. Hij is de laatste persoon op aarde die in wonderen gelooft. Hij heeft me altijd afgeremd in mijn opwinding over de eindeloze stoet nieuwe genezers, de nieuwe behandelingen. Hij heeft nooit enig heil verwacht van mijn verhitte, radeloze ondernemingen. Hij wist altijd al bij voorbaat dat hij me binnen luttele weken of maanden weer zou moeten troosten, na de zoveelste mislukking. Nu zegt hij opeens: 'Wij komen samen natuurlijk ook in een wat andere fase, nu het met jou beter gaat.'

Ik adem in, ik adem uit, en het is net alsof de werkelijkheid pas op dit moment echt bij me naar binnen tuimelt: het is dus waar, het is dus echt, ik ben dus werkelijk niet meer zo ziek als ik was, als zelfs hij gelooft in de stabiliteit van mijn vooruitgang.

Pas dan vraag ik: 'Hoezo, wat bedoel je, een andere fase?'

Nou ja, dat weet hij ook niet zo precies. Misschien dat we samen nu eindelijk wat meer de diepte in kunnen, oppert hij.

Vreemde wezens, die mannen, denk ik. Begin ik net een beetje grond onder m'n voeten te krijgen, moet ik weer het diepe in. 'Zwem jij dan maar voorop,' beding ik: dit is jouw project. Wat moet het raar voor hem zijn een vriendin te hebben die op eigen kracht meezwemt, in plaats van telkens kopje onder te gaan. En ik ben niet alleen voor hem geleidelijk een heel nieuw iemand aan het worden. Wat zal er in mijn zo overzichtelijk geworden wereldorde verstoord worden als ik blijf vooruitgaan? Er zijn vast ook mensen die mij ziek wel zo gemakkelijk vonden. Er zullen dingen gaan verschuiven. Er komen misschien conflicten. Verandering, dus ook verandering ten goede, is altijd ingewikkeld. Misschien is het wel goed dat het langzaam zal gaan, heel langzaam, zodat de wereld en ik opnieuw aan elkaar kunnen wennen.

En in de tussentijd wordt het een dringende noodzaak dat het ME-syndroom door de medische stand in een ander licht wordt bezien. Om te beginnen moet in de gaten worden gehouden dat ME iets anders is dan elk ander geval van chronische vermoeidheid: men kan ten gevolge van een zware overspanning immers ook langdurig te lamlendig zijn om een poot te verzetten. Maar mensen die daaraan lijden, hebben baat bij rust, terwijl een ME-patiënt met alleen rust geen steek verder komt. Die kan blijven liggen totdat de wereld vergaat. Er zijn veel aanwijzingen, en het verhaal van Caroline en mij is daarvan een voorbeeld, dat er daarnaast daadwerkelijk op lichamelijk niveau moet worden ingegrepen.

Als wij hadden geluisterd naar de adviezen van artsen, of naar de raadgevingen uit onze goedbedoelende omgeving, dan hadden wij er nu nog als champignons bij gelegen. Slechts door alles en iedereen aan onze laars te lappen, en de moed NIET TE LATEN ZAKKEN, hebben wij ten slotte een behandeling gevonden die onze toestand heeft verbeterd en hopelijk nog verder zal verbeteren. Want wie ME heeft vindt maar baat bij één ding en dat is: niet berusten. In ons beider geval, waarbij de nadruk op vergiftiging door diverse oorzaken lag, bracht een zogeheten orthomoleculaire behandeling uitkomst. Dat hoeft overigens niet bij elke ME-patiënt de oplossing te zijn: de keur aan variabele omstandigheden is enorm.

In de orthomoleculaire geneeskunde behandelt men ziekte (en bevordert men de gezondheid) kort gezegd door het gebruik van de juiste voedingsstoffen en -supplementen in de juiste concentraties. Volledig succes garandeert deze methode niet, en, nogmaals, per persoon zal het rendement ervan verschillen: zolang oorzaken en gevolgen van ME niet duidelijk te onderscheiden zijn, kunnen er in elk individueel geval immers altijd weer andere, nieuwe, onbekende factoren een rol spelen in de totstandkoming van het syndroom. De specifieke ME-variant waaraan Caroline en ik lijden, lijkt zich echter goed te lenen voor de orthomoleculaire aanpak.

Zolang er geen betere en snellere methodes bestaan om van ME af te komen, ZOU ME-patiënten waarschijnlijk alvast heel wat lijden bespaard blijven, wanneer artsen die het syndroom zelf niet wensen te erkennen, de grootheid van hart hadden om hen door te verwijzen naar de orthomoleculaire collega's, of naar anderen die tenminste wel belangstelling voor het ziektebeeld hebben. Te meer daar de kans op herstel volgens alle bronnen groter is naarmate men er sneller bij is, zodat de schade relatief nog beperkt is.

Ook zou men hopen dat er van de zijde van medische onderzoekers interesse bestond voor de bevindingen van orthomoleculaire artsen. Maar toen ik aan een onderzoeker van de Nijmeegse universiteit vroeg of er sprake was van enige vorm van samenwerking, kreeg ik alleen maar te horen: 'Als die orthomoleculairen denken dat ze gelijk hebben, dan moeten ze dat eerst maar bewijzen.'

Ik ken natuurlijk slechts mijn eigen werkelijkheid en ik weet bovendien niet wat er nog voor baanbrekende ontdekkingen op het gebied van ME gedaan zullen worden. Maar dit weet ik in elk geval zeker: dat de onverschillige, hardhoofdige en vaak snerende houding die veel artsen op dit moment innemen, zowel wat deze ziekte zelf betreft als de methodes tot bestrijding ervan, maar één effect heeft, namelijk dat deze aandoening met zijn verwoestende gevolgen gewoon onbehandeld blijft. Deze botheid en stompzinnigheid van het medische bedrijf is, gezien de ernst van ME, niet alleen totaal ongepast, maar zou op termijn zelfs een bedreiging voor de volksgezondheid kunnen vormen. Hoe onsamenhangend de symptomen ook mogen lijken, ze vloeien alle voort uit een aangetoonde verminderde immuniteit van de patiënt. En nu ecologen steeds vaker wijzen op het verband tussen zo'n afweerstoornis en de artificiële en vervuilde wereld waarin we leven, nu is er reden te meer om ME als ziektebeeld serieus te nemen. Want wie weet is het slechts het begin van een epidemie van *environmental diseases* die ons nog te wachten staan.

ME is in elk geval geen ziekte van het gemoed, geen depressie, geen hersenspinsel, geen verwaarloosd psychotrauma, geen hysterische aandoening, en ME-ers zijn dus ook niet de Eline Veres van deze tijd – tenzij men die vergelijking op een heel andere manier ziet.

Met haar zenuwzwakte maakte Eline Vere iets kenbaar over haar tijd en haar wereld. Op vrouwen zoals zij werd een dwingend appèl gedaan om vooral niemand te zijn, op de sofa te liggen en eindeloze kopjes slappe thee te drinken, en zoiets blijft niet zonder gevolgen. De enige overeenkomst tussen haar en een ME-er is dat de ME-patiënt eveneens iets zichtbaar maakt over haar tijd en haar wereld.

Of anders gezegd: vroeger namen mijnwerkers een kanariepietje mee naar beneden in de mijnen. Als het beestje van zijn stokje viel, was dat een teken dat er giftige damp of te weinig zuurstof in de schacht aanwezig was, en dan trof men haastig de benodigde maatregelen. Misschien zijn ME-patiënten wel de menselijke kanariepietjes van deze tijd, en kan de rest van de mensheid maar beter snel haar consequenties trekken uit het feit dat wij als eersten en blijkbaar toevallig meest kwetsbaren nu al ziek zijn geworden van onze omgeving, van onze wereld, van de twintigste eeuw.

Twiettwiet.

EPILOOG

Vlak na het voltooien van dit boek, ik kan het niet nalaten dit te vermelden, won ik voor het eerst een spelletje scrabble van mijn minnaar, maar van meer belang was dat hij me diezelfde avond vroeg wat ik nu eigenlijk hoopte te bereiken met het laten verschijnen van *Heden ik*. 'Dat er eindelijk een groot ME-onderzoeksfonds komt,' antwoordde ik.

In Nijmegen wordt weliswaar al geruime tijd belangrijk virologisch en immunologisch onderzoek naar de achtergronden van ME gedaan, maar gezien de aard van de aandoening zou het onderzoeksterrein aanzienlijk uitgebreid kunnen worden. Niet alleen zouden andere veroorzakende factoren dan louter virale nader bestudeerd moeten worden, ook andere artsen dan strikt reguliere zouden de gelegenheid en de middelen moeten krijgen eigen onderzoek te doen. Bovendien zou het dienstig zijn als een of andere instantie al het buitenlandse onderzoek inventariseerde en toezag op Nederlandse voortzetting daarvan. Ik kende inmiddels een paar artsen die van het ME-onderzoek graag hun levenstaak zouden willen maken, maar die er de fondsen niet voor konden vinden; ik kende bovendien een arts die het hoog tijd achtte voor een speciale ME-kliniek, zonder daarvoor de middelen bijeen te kunnen krijgen.

'Ik zou maar gauw een afspraak met de notaris maken als ik jou was,' zei mijn minnaar, 'want anders gebeurt er toch niets.'

Daar zat veel in. Te paard maar weer. Een stichting is zó opgericht: twee weken later ondertekende ik de statuten van het ME-Fonds, die onderzoek, bestrijding en preventie van de ziekte myalgische encephalomyelitis ten doel heeft. Een terzake deskundig bestuur zal zich mettertijd bezighouden met het toekennen van gelden aan onderzoekers. Om daarvoor vast een startkapitaal te creëren, zal ik zelf een deel van de opbrengst van ieder verkocht exemplaar van dit boek aan het ME-Fonds schenken.

Door de aanschaf van *Heden ik* hebt u als lezer dus al indirect bijgedragen aan het zo dringend benodigde onderzoek naar de achtergronden van deze verwoestende ziekte. Ik hoop dat u het daar niet bij laat. Het ME-Fonds te Haarlem, gironummer 6459395, rekent op uw steun.

GERAADPLEEGDE BRONNEN

I. Baart, 'Iedereen is wel eens moe', in *Opzij* 20/10, oktober 1992

I. Baart en M. Derks, 'En de cirkel is weer rond; Een ander licht op het huisartsenbezoek van vrouwen', in *Tijdschrift voor Vrouwenstudies* 2/4, 1981

I. Berkhof, M. van Dusseldorp, C.M.A. Swanink en J.M.W. van der Meer, 'Een dieet tegen chronische moeheid door Candida albicans?', in *Het Nederlands Tijdschrift voor Geneeskunde* 135/43, 1991

E. Berriot-Salvadore, 'De vrouw in geneeskunde en wetenschap', uit *Geschiedenis van de vrouw van Renaissance tot de moderne tijd* onder redactie van A. Farge en N. Zemon Davis, Agon 1992

F.J.A.M. Brekelmans, 'Amalgaam, de toxische tijdbom in de mond', in ORTHOmoleculair nr. 1 1986

C. Brinkgreve, 'Het taaie ongerief der vrouwenklachten; programmatische notities over onderzoek en theorievorming', in *Tijdschrift voor Vrouwenstudies* 11/2, 1990

S. Butler, *Erewhon*, Penguin Classics, Londen/New York 1985

R. Carson, *Silent Spring*, Penguin Books, New York/Londen 1965

L. Chaitow, *Candida albicans*, Thorsons, Londen 1985

J. Chorus, 'Maladie du Siècle', in HP/*De Tijd* 29 november 1991

H.F.M. Crombach, 'Ziekte als misdrijf', voordracht op 10 oktober 1991 in De Balie, Amsterdam

W. Crook, *The Yeast Connection*, Biosocial Publications Europe, 1983

B. Dawes en D. Downing, *Why M.E.?; a guide to combatting post-viral illness*, Crafton Books, Londen 1989

R. Dorrestein, 'Heimwee naar mezelf', in *Opzij* 19/10, oktober 1991

R. Dorrestein, 'De dokter van de troon, de kwakdenker erop; Het lichaam als staalkaart van psychologische onvolkomenheden', in *Opzij* 20/5, mei 1992

J.M.D. Galama, W.J.G. Melchers, P.J.H. Jongen, F.W.A. Heessen en J.W.M van der Meer, 'Persistentie van enterovirussen; een verband met chronische aandoeningen?' in *Het Nederlands Tijdschrift voor Geneeskunde* 135/43, 1991

J. Goudsmit en F.W. van der Waals, 'De rob in het slop; virale kwalen van zeehonden', uit *Beesten van mensen; microben en macroben als intieme vijanden* onder redactie van J.J.J., van Everdingen, uitgeverij Belvédère, Overveen 1992

G. ten Haaft, 'Kwakdenken; Die ziekte heb je zelf gewild', in *Trouw* 18 april 1992

R. van Haastrecht, 'Wij zijn oergezond en worden stokoud', in *Trouw* 31 januari 1992

K.E. Hawton en M.W. Hengeveld, 'Het chronische moeheidssyndroom; psychiatrische aspecten', in *Het Nederlands Tijdschrift voor Geneeskunde* 135/43, 1991

C. Helman, *Body Myths*, Chatto & Windus, Londen 1991

E.M.A. Hessels en J.W. Nool, *Ontwikkeling ziekteverzuim en arbeidsongeschiktheid; Tweede kwartaal 1992, rapport van de Sociale Verzekeringsraad*, Zoetermeer, oktober 1992

Th. van Joost en L. Reijnders (red), *Milieu en huid; de huid als spiegel van het milieu*, Boom, Meppel/Amsterdam 1992

L. Kroon, *De klant centraal bij bedrijfsverenigingen en GAK?*, rapport van Konsumenten Kontakt, Den Haag 1991

A. Kruyswijk-van der Heijden en M. de Waal Malefijt, *Schimmels, suiker en allergie*, Ankh-Hermes, Deventer 1989

A.S. Levin, en M. Zellerback, *The Allergy Relief Program*, Gateway Books, London 1983

A. Macintyre, *Leven met M.E.; het chronische vermoeidheids-syndroom myalgische encephalomyelitis*, La Rivière & Voorhoeve, Kampen 1990

N. van Oosten en H. Knegtering, 'Een gezonde kerel ... ; ge-zondheidsverschillen tussen mannen en vrouwen', in *Tijdschrift voor Gezondheid en Politiek*, maart 1992

J. Rolies, 'Gezondheid, een nieuwe moraal?', in *Medisch Contact* 46/12, 22 maart 1991

J. Rolies, *De gezonde burger; Gezondheid als norm*, SUN, Nijmegen 1988

Richard van der Poort, *Suiker, Amalgaam; en hun invloed op uw gezondheid*, Ankh-Hermes, Deventer 1990

G.E. Schuitemaker en D.J. van Brummen, 'Candida albicans; een opkomend gevaar', in *ORTHOmoleculair* nr. 2 1986

C.B. Shepherd, 'Myalgische encephalomyelitis (ME)', in *ORTHOmoleculair* nr. 5 1988

C Shepherd, *Living with M.E.; the chronic post-viral fatigue syndrome*, Cedar, Londen 1992

E. Shorter, *From paralysis to fatigue; a history of psychosomatic illness in the modern era*, The Free Press, New York/Ontario 1992

S. Sontag, *Illness as Metaphor*, Vintage Books, New York 1979

K. Spaink, *Het strafbare lichaam; De orenmaffia, kwakdenken en het placebo-effect*, De Balie, Amsterdam 1992

J. Steincamp, *Overload; beating M.E.*, Fontana, Londen 1989

C.M.A. Swanink, J.H.M.M. Vercoulen, J.M.D. Galama, G. Bleijenberg, J.F.M. Fennis en J.W.M. van der Meer, 'Hondsmoe; Chronisch moeheidssyndroom: somatologi-sche en psychosociale aspecten', uit *Beesten van mensen; microben en macroben als intieme vijanden* onder redac-tie van J.J.J. van Everdingen, uitgeverij Belvédère, Overveen 1992

Vademecum Gezondheidsstatistiek Nederland 1992, SDU-uitgeverij/ CBS-publikaties, Den Haag 1992

F. van der Waals, 'Ziek van het milieu', in *Elle* 3/8, augustus
    1992
S. Wilkinson, *M.E. and you; a survivor's guide to post-viral
    fatigue syndrome*, Thorsons, Londen 1988
B. Witsenburg, 'Antroposofische geneeskunst', in *Medisch Con-
    tact* 46/12, 22 maart 1991

Een brochure over ME wordt u toegezonden als u een aan
uzelf geadresseerde en gefrankeerde envelop stuurt naar:

M.E. Stichting, de patiëntenvereniging
Postbus 57436
1040 BH Amsterdam